自分らしく生きるために、「カフェ」を始めたい人への77の言葉。

Shibuya
宇田川カフェ

THE PEACEFUL OASIS
IN THE CENTRE OF
SHIBUYA
宇田川カフェ
Dining Cafe & Bar
Open from 11:30am to 5:00am

Shibuya
宇田川カフェ 別館
DANCE
Blue Note TOKYO

Shibuya
宇田川カフェ
Suite

Shibuya
桜丘カフェ

MAMBO CAFE

Osaka

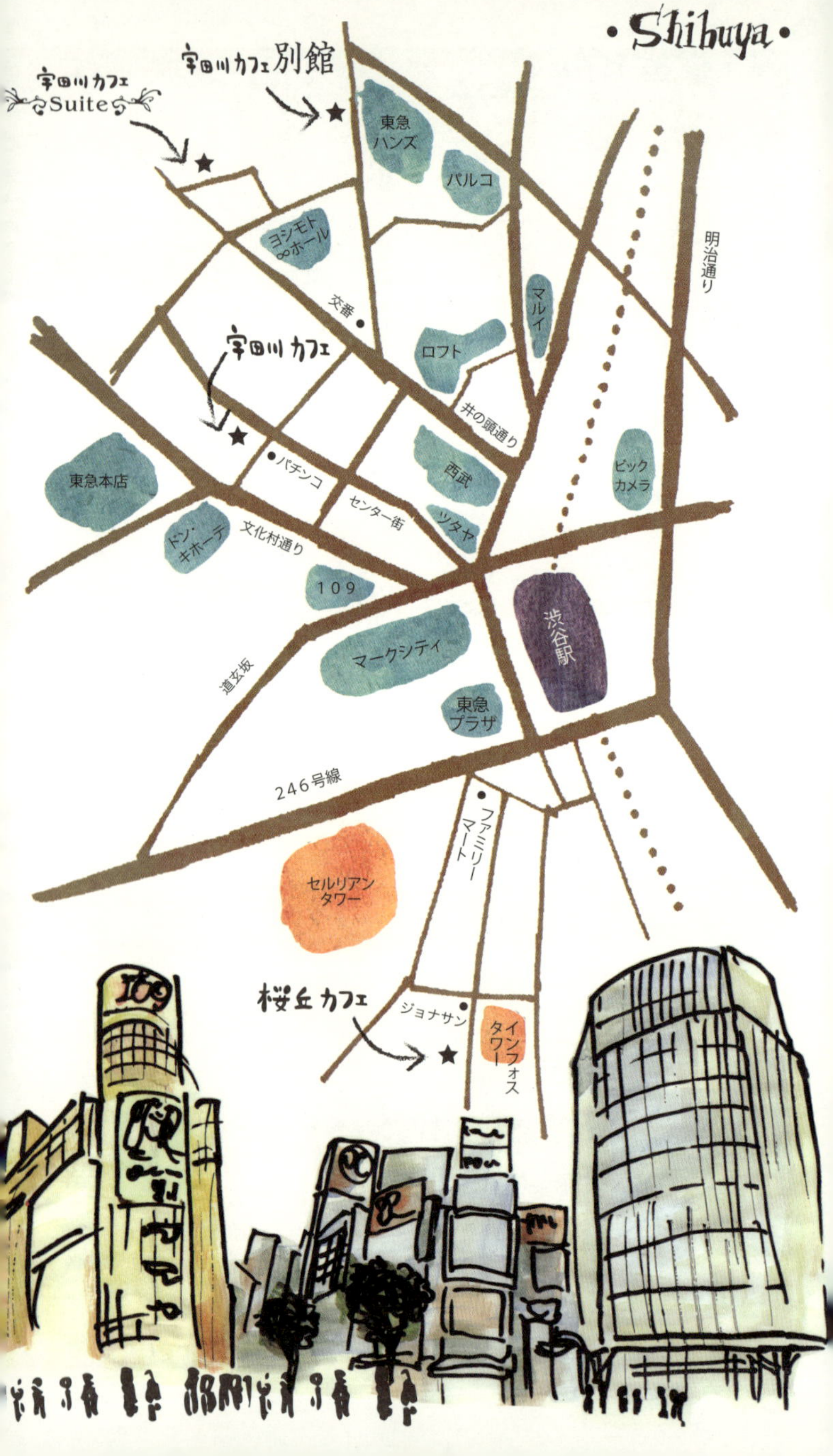

Shibuya
宇田川カフェ別館
宇田川カフェ Suite
東急ハンズ
パルコ
ヨシモト∞ホール
明治通り
交番
マルイ
宇田川カフェ
ロフト
井の頭通り
パチンコ
東急本店
西武
ビックカメラ
センター街
ツタヤ
ドン・キホーテ
文化村通り
109
渋谷駅
マークシティ
道玄坂
東急プラザ
246号線
ファミリーマート
セルリアンタワー
桜丘カフェ
ジョナサン
インフォスタワー

• Osaka •

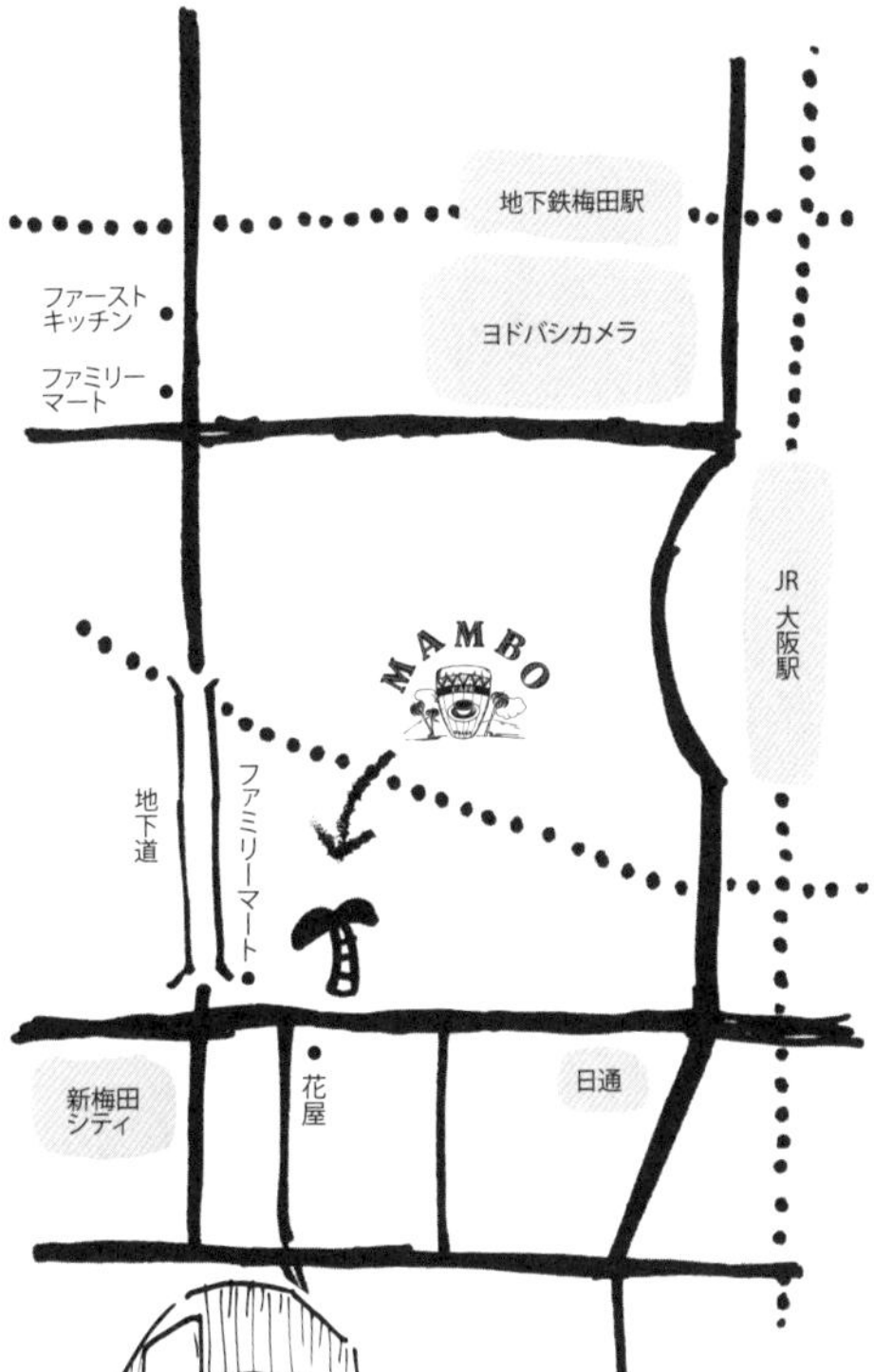

MAMBO CAFE

大阪府大阪市北区大淀南1-1-14 2F
http://www.shan-gri-la.jp/mambo/

お店のコンセプトは「MAMBO（マンボ）」。音楽レーベルが開いたカフェならではの、こだわりの音と空間のリラクゼーションスペース。赤を基調とした、落ち着いたムードのある大人の時間を演出できる、中南米産の音楽「MAMBO」の似合うカフェ。マイクやターンテーブル、プロジェクターなど各種設備が充実しており、パーティやカフェライブなど幅広い演出ができます。店舗の 1F にはライブハウス「Shangri-La」もあり、連動イベントなども可能。ボリュームたっぷりのランチにはファンも多く、カフェもお酒も食事も充実しています。

宇田川カフ

東京都渋谷区宇田川町 33
グランド東京会館
http://www.udagawacafe.com/caf

2001年にオープン。「自分の部屋のように
つろげる空間」がコンセプト。無国籍なが
不思議とまとまった店内のインテリアは、ヴ
ンテージ家具屋を回って集めたものや、オ
ナー自身が自宅から持ち込んだものがほと
ど。夜カフェのさきがけとして、現在も朝
でにぎわっている。京都の老舗焙煎所に特
した " 宇田川ブレンド " はぜひ一度お試し
ださい。

宇田川カフェ別食

東京都渋谷区宇田川町36
渋谷営和ビル6
http://www.udagawacafe.com/bekka

「宇田川カフェ」の 2 号店、宇田川カフェ別
a.k.a 宇田川ラヴァーズロック。渋谷の喧噪
離れたビルの 6 階にあり、昼は音楽を聴き
がらゆったりランチを、夜は DJ ブースや
イブ機器が常設された店内で数々のアーテ
ストや DJ がパーティーを繰り広げます。
谷の街をより面白くするべく日々企んでいる
「面白いことがしたくてたまらない人」のた
のお店です。

宇田川カフェ Suite

東京都渋谷区宇田川町36-1
http://www.udagawacafe.com/suit

美味しいスイーツが楽しめるお店、「宇田川
イーツ」がリニューアルオープンして「宇
川カフェ "suite"」に生まれ変わりました。
内には可愛い絵や小物が並び、カフェであ
ながら少し贅沢なお食事やスイーツをご用
しております。「宇田川カフェ」とはひと味
う、スイート感をお楽しみ下さい。

桜丘カフ

東京都渋谷区桜丘町23-3 篠田ビル1
http://www.udagawacafe.com/sakuragaok

渋谷駅から徒歩 4 分ながら、都会に居るこ
を忘れるような場所。テラス席横の小屋では
"しぶやぎ"こと、二匹のヤギ、さくらとショコ
（2012 年には写真集と絵本が発売予定）が
出迎え！店内はオーナーこだわりのア
ティーク家具と間接照明を多用し、フード
ドリンクメニューも豊富。ひとりでも大勢
も、打ち合わせをするにもゆったりお食事
楽しむにも，様々なスタイルに合った使い
を提案します。

２０１１年、わたしのお店「宇田川カフェ」は10年目を迎えました。はじめは「自分のカフェを持っている方が、洋服を買うよりお洒落じゃない？」という非常に安直な自己実現の為に開いたこのお店も、今や東京の中心ともいえる渋谷で一番の人気カフェになりました。例えば、某大手広告代理店と某大手飲料メーカーの選ぶ各都道府県代表カフェ、東京代表に「宇田川カフェ」が満場一致で選出され、後の店名付きプレートプレゼントの応募で、2位以下にダブルスコアの差をつけて１００万通の応募が集まり、優勝しました（注：ナショナルチェーン店を除く）。今でもこの38坪の店に毎月一万人を超えるお客さんに来店していただいています。趣味と実益を兼ねた道楽ではじめた事業ではありますが、もちろん、ただぼんやりとカフェを始めた訳ではなく、わたしなりの緻密な計算やセオリーがあってのことです。

カフェを始めたいような人は、大半が事業を大きくするのが目的ではないですよね。例外はありますがおおよそ趣味人であり「**自分らしく生きること**」、そう、アイデンティティーの確立や自己表現の為、「**好きなことをやって生きる為**」にカフェを始めたいのです。ただ、始める限りは続かなくてはダメなのです。続けるためには経営的に成功しなければなりません。それもいい感じに。

そもそも、わたしははじめからカフェを経営していたわけではなく、もともとの主軸は、畑違いのインディーズ音楽レーベルです。他にもデザイン事務所や最近では出版社を始めるなど、あれもこれも好きなことをトントンとやっているように見えるからか、「カフェをやりたいのですが、是非ご指南を」という世迷い人たちが、日々わたしのところへ相談にやってきます。ちょっと参考になる本でも渡そうかと、本屋に行ってみたりもしたのですが、ピンとくるマトを得たことが書いてある指南本がまったくもって無い、というのが実状でした。すべてが差しさわりのない精神的リアリティーのない本ばかり。コンサルティングのような人やライターが書いたものにはまるでリアリティーが無いのです。ネットをみればわかるような実務的な手続きのことや、そのへんのちょっといい感じのカフェの紹介なんかされても、という感じです。
「皆、こんなことを相談しにきているのではないよなぁ」と思い、数店舗のカフェを実際に成功させている経験を、もっともわかりやすい言葉で伝えようとこの本を書きました。

この本は、ほんとうに当たり前のことしか書いてありません。けれども、みんな出来ているようで結局のところ実践できていない、大事なことだけを記しています。

カフェをやるにしても、やらないにしても、「自分らしく生きたい」人に対する何かしらのメッセージになれば、と思って書きました。少しでも、この当たり前の言葉たちが、読んでくれた皆さんへの"気づき"になれば幸いです。

あなたが、この「**77の言葉」が本当に実践出来たのなら、あなたの"カフェ人生"は必ずうまくいきます。**

わたしが証明です。

しかしながらわたしは、皆さんが実際にこの本を読んで、本当にカフェを始めてしまって、競合カフェが増えすぎてしまうことを心配せずにはいられません。

この本書いて失敗したかも、です(笑)。

自分らしく生きるために、「カフェ」を始めたい人への77の言葉。

目次

— 1/77 —

行動を起こさない者には、失敗もないが、成功も100%起こらない

まったくその通りなのです。

本当に申し訳ないですが、この本は、このように身も蓋もない当たり前の言葉がどんどん並んでいきます。

そしてこの言葉のとおり、すべての物事は行動から始まります。

どんなに大きな会社の創業者でも、最初はいくつかの失敗を経た後に成功を勝ち得ています。死ぬまで挑戦し続けましょう、結果はその時にやっと判るものなのです。

チャレンジするあなたに向かって、傍らからとやかく言う人がいるかもしれませんが、その人があなたの人生の面倒を見てくれるわけではありません。

泳ぐのはあなた自身です。

そうです、プールサイドの傍観者には目もくれずに、チャレンジしましょう。

他人があなたの自己実現を叶えてくれることはそうありませんが、なす術が判らない時はせめて常々、自分の希望や、やりたいことを周りの人に語っておくこと。これもひとつの行動です。

夢は少しずつ足音をたてて近づいてくるものなのです。ましてやお店を始めるなんてとても簡単です。

他にやることが無いから仕方なく「飲食店」をやっているんだよ、というおばちゃんもいるくらいです。そのようなお店にも勝てないと思うなら、お店はやめておいたほうがよいでしょう。

「石橋をたたいて渡る」どころか「石橋を横目に飛び込め！」。それが、成功の第一歩です。

2/77

やったことが無いことをやらなければ、成長はない

「やったことがないので出来ません」という言葉を聞いたことがあります。

ある若者が、言いきったのです。しかし、はたしてそれは本当にそうなのでしょうか？

やったことがないことをやらなければ、人間は成長出来ません。

赤ちゃんは何も出来ません。はじめは自分でご飯を食べることも、トイレへいくことも、話すことすらできません。出来なくて当たり前です。

皆、もとは赤ちゃんだったのです。どんな人も皆、やったことが無いことをやってみて、成長してきたのです。練習して、勉強して、今までやってきたはずなのに。

その若者は、そう言いきってしまったことで、勝手に自分で自分の成長を止めてしまったのです。

カフェを始めることにも、同じことがいえます。

はじめてやることはワクワクするのではないのでしょうか？

やってみたことのないことが出来るようになり、知らなかったことを知る。それは何事にも代えがたい喜びがあるのではないのでしょうか？

お店を始める、ということは、そういった意味ではチョー楽しいのです。

今まで出会えなかったような人達にも出会えたりするのです。

毎日が新しい発見であり、冒険なのです。

商売をする、ということは、やりながら試行錯誤を繰り返すことなのですから。

— 3/77 —

本当に自分がやりたいと思ったお店をやるべきである

「お店を始めたのですが、何だかちょっと」という人の相談をよく受けます。何だか夢だったものがこんがらがってしまっている人たちが多いようです。

もともとカフェが好きで自分のお店を始めた、という人が当たり前に多いはずなのですが、いろいろ準備をしているうちに自分がやりたかったはずのお店になっていない、ということがしばしばあります。

経済的な問題や物理的な問題、もしくは相談をした人やコンサルティング、または依頼した設計者や工事業者に、あなたが希望するイメージが理解されなかったのでしょうか。

確信がないままに進んでしまったので、周りの意見や状況に振り回されてしまったのでしょう。結果あなたは全くやりたくもないお店の店主になっていたりします。

自分の家を創るのと同じで、少しでも妥協した箇所があると、結局ずうっとそこが気になってしまうものです。

経済的に考えても、何度も作り直すと無駄になってしまいますし、はじめは、少し無理をしてでも最初に自分が本当に創りたいと思ったお店のかたちに出来るだけこだわりましょう。

徹底的に自分の好きなお店、理想のお店、愛することのできるお店をつくるべきです。

そして、そのお店で夢中になって働くのです。

そんなあなたに賛同してくれるスタッフやお客さんは、必ずいます。

— 4/77 —

自信を持て。センスを信じろ

カフェを始めたいあなたは、きっと自分の理想のカフェを思い描いているはずです。

あなたが、本当に、自分らしく生きていくためにカフェをやりたいと思っているなら、いろいろなカフェを巡り、自分が開業するならこんなお店にしたいなどと、頭の中で妄想含めシュミレーションしているでしょう。

また、そんな自分の夢を想像している時間が、カフェをオープンさせる過程で一番楽しい時でもあります。うっとりですよね。

きっとあなたは大のカフェ好きで、他の人よりもいろいろなカフェを巡って、カフェのことは良く知っているはずでしょう。テーブルウェアだって大好きです。それで十分です。

自信を持ちましょう、自分のセンスを信じてください。


「宇田川カフェ」の場合は、ニューヨークのソーホーにあった、以前好きだったガラス張りのカフェバーの外観と、内装は有機的なイメージのビジュアルがあり、低めの椅子でビシッと濃いコーヒーが飲めるカフェを想像して、そのイメージ通りに創りました。はじめから、椅子の高さのバランスまで、はっきり決まっていました。

まだ**自分のやりたいカフェが想像できていないのならば、独立開業は時期尚早**です。

クリエイティブな作業にはイマジネーションが不可欠なのです。

焦らず素敵なカフェが想像出来る時を待ちましょう。

— 5/77 —

人生が終わらなければ、失敗は確定しない

失敗するのが怖くて行動できない人は多いと思います。**「独立して成功するのは３００人に１人」「10年以上続く会社は３％程度、97％の会社は潰れている」**などという情報もあり、よけいに行動できなくなっているのかもしれません。

しかし、こういった統計は、統廃合で消えたり、登記だけしたペーパーカンパニーが整理されたものなどが含まれているので、登記上の数字だけで判断するのは、実はかなり乱暴です。実際は「潰れた」とは言い切れない法人が多いでしょう。気にすることはありません。中には１人で５回失敗している人もいるでしょう。

こう言ってはなんですが、そもそも成功の定義は数字では表せないもの、失敗を恐れることはありません。

わたしの肌感覚では、**独立して成功するのは30人に１人**。その定義は１人の人が30回挑戦してみて成功したのは１回、という捉え方もできます。それで良いのです。

わたしも20代の頃、二度ほどホームレスのような状態になったことがありますが、それは結果から言えば失敗ではありません。

人は起業すれば必ず失敗するものです。ピンチの時にどう対処するかが成功の鍵なのです。失敗してもある意味、勉強。人生が終わらなければ、失敗は確定しないのです。

とにかく成功するまで絶対に死なないことです。長生きしましょう。

— 6/77 —

楽観的な人に、人と金といい話が集まる

そもそも、悲観的な人は、まずチャレンジ自体をしません。怖くて出来ないのです。それに対して、楽観的な人は、どんどん楽勝でチャレンジをしていきます。

悲観的でチャレンジをしない人のところに、人もお金も集まりません。なぜなら、きっかけがないのですから、いい話もなにも来るはずがないでしょう。

楽観的な人はテキトーなことを言っているようで、どんどん人の話を聞いて、とにかく何らかの行動に移します。悲観的で慎重な人からは馬鹿にみえるかもしれませんが、動いている分、楽観的でポジティブな人の方に、いい話は集まります。

まぁ、まれに本当に馬鹿な人がいることもありますが、大抵すぐにそれと気が付きます。

経営者というのは、楽観的でなければやっていけません。というかやっていられません。お店の経営を始めると本当にいろいろなことが起こるので、いろいろありすぎてここでは触れられませんが、まぁいっかと言える性格、ある意味、厚顔というやつが必要になるのです。悲観的でネガティブな感情は、クリエイティブな活動には邪魔なだけなのです。

そもそも、悲観的な人とあなたは仕事をしたいと思いますか？

同じやるなら楽しくやりましょう！

— 7/77 —

スタッフが「働きたい」お店を創るべきである

スタッフが「働きたい」と思うお店は必ず流行ります。

流行っているお店が、必ず「働きたいお店」とは限りませんが、「働きたい」と思うお店は必ずといって流行るのです。

と、いうことは、お客さんが来てくれる以前に、まずスタッフ希望者が「このお店で働きたい!」というお店を創れば良いのです。

そのように考えてみると、少しは流行るカフェづくりも楽になるのではないでしょうか?

もし、あなたがすでにカフェを始めていて、そのお店が流行っていないとしても、何かきっかけを与えれば、スタッフが「働きたい」という動機は作れるはず。打開は出来るのです。

スタッフの興味のある趣味性やコンセプトをお店に持たせて、同好会的な要素を持たせるのも一つの手でしょう。

例えばスポーツ・バーなどはこのような手法を使っています。

カフェもあなたやスタッフの趣味を反映させるのにたやすい業態です。

と、いいつつ弊社でもレゲエ&ロックステディに特化したバーを創ったのですが、正直これはいまひとつでした。だるいですものね。

要はレゲエ好きにお金を持っている人は少なかったのです、ヤーマン。

また、あるアンケートでは、働きたくない職場の第1位が「暗い雰囲気の職場」だそうです。

常に明るく振舞うことを心がけましょう。

― 8/77 ―

「ムード」を売れ

外食店舗、特にカフェやバー、またはレストランなどは**「ムード」という付加価値をも売っている**業態です。

良い「ムード」がなければ、わざわざ家の外に出掛けて割高な飲食はしないのです。

お客さんの五感に訴える要素、例えば「BGM」「趣味のよい内装や照明」「匂い」「座り心地の良い椅子」「センスの良い食器」など、お店の「ムード」を構成している要素はたくさんあります。

全てに気を使い、お客さんの居心地の良い空間を演出するのです。

お店に、**趣味の要素を取り入れる**なり、**共感を得るためのコンセプトを明確にする**などして、「ムード」を良くすることは可能です。

「ムード…」「MOOD」あぁなんて良い響きなのでしょうか、うぅむ、**「ムード」**。いい言葉。

忘れてはいけない大事なことは、働いているスタッフも「ムード」を構成する重要なファクターだということです。

お客さんは敏感に、良い「ムード」も、悪い「ムード」も察知します。ニワトリと卵の話の様になりますが、イヤイヤ働いているスタッフがやっているお店の「ムード」が良いはずありませんよね。

スタッフ希望者のほとんどは、元々お客さんだったりします。スタッフ側も、「ムード」が良いお店で働きたいもの。良い「ムード」で良い「人」を集めましょう。

– 9/77 –

お金が無くてもお店は始められる

カフェの相談といっても、なんだかんだいってやはりお金の相談に来る人が多いです。

「店をやりたいのですが、先立つものが」という人が多いのも事実。

おいおい、思いつきでお店始めようって？

少しは計画を立てて生きてきてくれよ、とも思います。

正直言うと、あなたが仮に30歳だとして「今まで10年近く、社会人をやってきた過程で、小さなカフェを一軒始める程度の信用、または知恵が無いのか」と言いたいのです。

銀行など金融機関や自治体はもちろん、周りにいる大人の友人や知人、仕事先など、本当にあなたがその気になれば、お店の一軒くらい何とかなる信用と知恵があって然るべきです。


わたし自身、カフェやライブハウスをオープンするにあたって、お金があらかじめ用意されて始められたことなどありません。もちろん、親の面倒になったこともありません。

最もひどかったのは、土地も建物も全部借金でつくった大阪のライブハウスとカフェ。自己資金など全くない状況で総額６億円程かかってしまい、正直、「やっちゃったな」と思いましたが、何とかなりました。


結局、必要なのは何とかする行動力と、人を説得できるビジョン（事業計画）なのです。

ソフトバンクの孫さんや楽天の三木谷さんも、みな自己資金など無かったのですから。

— 10/77 —

お金が用意できてから始める商売には、
お金が集まらない

お金の話が続きますが、周りのお店を見ていると、お金が無さ過ぎるのも問題ですが、あり過ぎるところから始めても、うまくいっていないところが多いように見受けられます。

お金があると、つい使うところから考えてしまうらしく、儲けられる仕組みがなかなか出来ないようです。お店を運営する、というリアリティーに気付くのが遅れてしまうからです。

はじめからお金が無ければ、赤字になるとお店はあっという間に潰れてしまうので、一生懸命潰れないように儲けられる仕組みをつくるものなのです。危機感の差でしょうか。

お金が無ければ、自然とリスクヘッジを考えて、うまいことやり方を組み立てるものなのです。仕組みという「上り階段」をつくりさえすれば、あとは前に進めば上っていくものです。

お金がある人は、余裕からか、「下り階段」をつくってしまいがちです。

そして、結果的に存続できなくなってしまうのです。

危機感をもって常にリスクヘッジを頭に入れ、謙虚にコツコツ進みなさいということです。

少しずつでもよいので「上り階段」をつくりましょう。

「宇田川カフェのオープン当時」

— 11/77 —

資金調達は公共機関優先で

とはいえ、お店を始めるために資金調達は必要です。

親がお金持ちで、資金調達など必要ないという人でも、自分で資金調達をしましょう。

今後、カフェという事業をしていく上で、最初から親を頼って、お金を出してもらってしまうようでは一生、親を超える事業家になることは出来ません。自力で始めましょう。

わたしは順序として、まず自治体などの公共機関をお勧めします。

意外と知られていませんが、**市や区などの自治体に、創業支援や雇用促進の融資制度があります。**

公庫などに比べ、担保や保証人が必要ないことが多いのが特徴で、なおかつ金利も民間金融機関よりも圧倒的に安いのです。例えばわたしのお店のある渋谷区では、**創業支援資金**という枠で、1250万円まで、7年（1年据置き）返済で0.4％の金利で貸し付けてくれる制度があります（＊2012年現在）。無担保、低金利でとても魅力的です。

お勧めの順は、次に国の金融公庫、銀行、信用金庫などの民間金融機関です。

さすがに、サラ金、消費者ローンなどはお勧めできませんが、個人から借りるのも、すべてやりつくした最後の切り札としてとっておいた方が良いでしょう。事業を進めればどうせ付き合うことになるのですから、無駄に人間関係をギクシャクさせることのない、貸し付けのプロに頼むのが一番です。

もし万が一のことがあっても、ちゃんとした機関から借りていれば、プロなのでドライに対応してくれます。さっぱりと馴れたものですよ。

— 12/77 —

若くして、お金を貯めようと思うな

これは、まだ若く、事業意欲がある人に向けて言いますが、若いのに貯金をすることなど考えないことです。若い時のお金は、どのみち身につきません。

お金が身につかないというよりは、身につけるべきではないのです。お金をシコシコ貯めているようではダメです。たいした人間にはなれません。仕事が出来ない人間のやることです。

貯金を含め、持っているだけで動かないお金は「死に金」です。

金融商品などのつまらない投資も控えましょう。それで得をしたところで一過性のものです。

他人の外馬に乗るのではなく、自分に投資して目いっぱい活用して増やしましょう。自己責任で生きるのです。

お金は、あくまでも自分の夢を叶えるための道具にしか過ぎません。道具は使わなければ存在する意味が無いのです。

海外の大実業家などが全財産を寄付したりしていますが、「使わなくなったよけいな道具は要らない」という理由からです。この行動はよく理解できます。

お金があるのなら、次のお店を始めたり、新しい事業をする投資資金に回すべきです。

自分の成長に投資しましょう。自分のことに投資した「生きたお金」はたとえその時、損をしても納得がいくものなのです。

お金は使わなければ、何にもなりません。使ってこそ成長するのです。

お金なんか、あるだけどんどん使っちゃいましょう。

―13/77―

お店をやるということは、経営をするということである

やっかいなことに、カフェを始めたい人には、ヒッピー志向の人が多く見受けられます。カフェを始めたい人と、ヒッピー志向の人の嗜好性が合う、またはシンクロする部分が多いのですが「好きなことをして生きる」=「自由に生きる」、「自由」=「ヒッピー」という考え方は大変理解できます。

多くのヒッピー志向の人々は、「自由」=「金と関係ないところで生きていたいぜ、ヤーマン」などという浮世離れした考えの人が多いのも事実です。

しかし、残念ながら、現代の資本主義の世の中では、**「お金をコントロールできない人に、自由は無い」**というのが現実です。

お店をやるということは、経営をするということなのです。

一人でやれるような極小のお店を始める人以外は、誰か人を雇わなければなりません。家賃も発生するでしょうし、仕入れもします。税金を払うために帳簿もつけるのです。

意外なことに、「お店をやる=経営をする」という覚悟のない人が多いのです。

美味しいものをつくることと、お店を経営することは違う話だということを理解しましょう。

– 14/77 –

開業に必要なのは資格より「経済観念」

わたしはカフェを何軒も経営していますが、実は何の免許も持っていません。あえていうならば、普通自動車免許だけです。それもいろいろあって、現在はオートマ限定です。もちろん、いろいろな店舗開業のための許可証は申請して取得していますが、わたし自身は調理師などの免許は持っていません。

うちのスタッフの中でも、調理師免許を取ったりする人もいますが、転職するときに有利な程度で実際、自分で独立開業するためにはあっても無くてもよいものです。

出店のための営業許可証を取得するなら、保健所の講習に行けば済むことです。ほかに防火責任者や深夜のアルコール提供のための深夜営業許可などが必要になります。

講習に行くのも面倒ならば、すでにそういった**資格を持っている人を雇えば良い**のです。

経営者とはそういうものですから、カフェを始めたいからといって、そのためにわざわざ資格をとらずとも、経営をすることに注力する、という方法もあるのです。

世界中に事業進出をしている経営者が、世界中の言葉を話すことが出来なくても大丈夫なのと同じことです。

– 15/77 –

物事の本質を見抜け

物事の本質を見抜くこととは、**出来るだけシンプルに物事をとらえる**ということです。

例をあげると、数年前、渋谷にある弊社の近所にピカピカのデザイナーズ・バーが出来ました。わたしは絶対に潰れると思いましたが、案の定、半年程度で閉店してしまいました。

ピカピカしている、ショールームのように明るくて綺麗すぎるバーでは、落ち着かなくて、お酒は進まないものです。

飲食店などの商売でいう物事の本質というのは、お客さんの欲求がどこにあるのか？ということです。多分そのお店はデザイナーである設計者の自己満足で創ってしまったものなのでしょう。

お店は、お客さんのために創るのであって、デザイナーの満足の為に創るものではありません。

お客さんは全くそのようなものを求めていないのです。

なぜ人はバーに来るのか？ということをまずシンプルに考えましょう。

お客さんは、バーではもっと落ち着きたいか、酔っぱらって嫌なことを忘れてしまいたいか、または性欲に近い欲求を求めています。

ここでは「バー」という業態を例にしましたが、バーというのは薄められたセックスという側面もあるものなのです。世の中の消費は３大欲求を基本に考えられています。

わたしは、商売にならないものをよく「これはアートだねえ」といって馬鹿にします。

物事の本質＝人の欲求の本質。それが見極められなければ、商売にはなりません。

– 16/77 –

お客さんの気持ちになりきる

お客様第一主義とはよくいわれますが、まず、あなたが常にお店を経営するオーナーの立場の傍らお客さんの視点を忘れないでいることが大切です。
お客さんの立場になって、何をどうすれば、お客さんにとって快適な「時間」と「空間」になるのか。
お客さんの欲求はどこにあるのか?ということを意識し続けましょう。

イタコのようにお客さんになりきって、何なら5分おきに、お店のスタッフ側の立場、お客さんの立場を、そしてスタッフ、次はお客さん、と二重人格者のように行ったり来たりするのです。あまりメリハリの利いたわかりやすい行動をとると、スタッフから理解されずに、怪訝な顔でお馬鹿さんを見る様な目をされ、気持ち悪がられることもあるかもしれませんが、気にすることはありません。

実際にお客さんになってみる、というのも手です。
自分が休みをとって、お客さんとして利用してみる、または打ち合わせなどで、外部の人と客観的に自分のお店を利用してみる、などというのも効果的です。現場で働いているだけでは意外と気が付かないところに気付けたりします。

とにかくお客さんの立場になって、リアルに快適な空間をつくりましょう。

— 17/77 —

まず自分がどうなりたいか? イメージを具現化せよ

人の幸せの基準はそれぞれです。

元も子もない言葉ですが、幸せの基準に合わせて、成功の基準も成立します。

あなたがカフェ経営者として、将来描いている理想像が、どのようなものであるかによって、進む道が違ってきます。今後の具体的な開店準備の作業にも影響してくるので、ここは絶対に間違えてはいけません。


カフェを経営する上で目指すパターンとして、およそこの3パターンがあります。

1．小さなお店で、自分が店頭に立ち続けていく地元密着型のローカル店がやりたいのか？
2．ある程度の規模の店舗での独立系カフェオーナーとしてやっていくのか？
3．全国的にチェーンとして大きく展開して大企業を目指すのか？

ちなみに、わたしのお店は2番目のパターンです。それぞれやり方が異なるものなので「**自分が将来どのようになりたいか？**」というビジョンだけは、はじめからしっかり設定しておきましょう。**お店とは永く付き合っていくものなのですから、ちょっと遠めの将来を見ることも大事なことなのです。**

— 18/77 —

共同経営はうまくいかない

よくある間違いというのが、**共同経営**です。

家族経営ならまだしも、皆不安なのか、または資金不足の為焦っているのか、意外と相談を受けます。

原因は様々ですが、とにかく皆、こぞって失敗しています。

お店が、うまくいっても、いかなくても、共同経営は続きません。良く考えてください。

京都の某かばん店のように、兄弟であっても争いごとが起こっているのですから、よくある「友達同士で共同経営♡」なんていうのは言語道断なのです。平等はないのです。

まず責任の問題があります。

例えば、物件の契約書にハンコを押すのは一人です。仕入れ先への保証人も一人です。

事故があった時の責任者も代表で一人です。借金する時の保証人ももちろん一人なのです。

次に失敗の原因のひとつとして、個々の環境の変化があります。

例えば、独身の時に始めた共同経営の皆さんも、それぞれ結婚したり、家族の都合で引っ越さねばならなくなったり、それこそ年を取って身体にガタがくるなど、当たり前ですが最初に共同経営を始めた時とは、個々の生活の状況が変わっていきます。

他人です。必ず破たんします。皆が**同じ平等な状況は永遠には続かない**のです。

他人でなくとも、代々続いているお店や事業を引き継ぐならともかく、新しくお店を始めるのであれば夫婦でも共同経営はやめておいた方が良いでしょう。

不安定な一隻の船に同乗するのは危険なのです。

— 19/77 —

やりがいの無い仕事は全力で打ち込めない

さて、話を最初に戻すようですが、何故あなたは、「自分らしく生きるために、カフェを始めたい」と思ったのでしょうか。きっと仕事に「やりがい」を求めているのではないでしょうか。

別にカフェを始めなくても、「やりがい」のある仕事をしている人はたくさんいます。

あなたがカフェを始めたい理由は、何かからの「エスケープ」ではありませんか?

わたしの場合「カフェ」だけを始めただけではありませんが、自分で起業したもっとも大きな理由は「**満員電車に乗りたくない**」でした。2番目の理由は「**朝早く、起きたくない(朝が弱い)**」という本当にダメな感じが、全くの正直な理由です。

実は、わたしは人付き合いの「しがらみ」が嫌で勤め人にならなかったダメ人間です。

当時は、そういうことはすべて「ROCK'N ROLL」ということでオッケーでした、裕也ですね。

故に、自分がお店に出ることは全くありません。それでもいい環境をつくってきました。

「嫌なことをやらずに生きる。」=「好きなことをして生きる」というのはとても快適です。

ただ、いえることは「**嫌なことをやらないためにものすごく必死こいた**」ということです。

「嫌なことをやらずに生きる」ため、他の様々なことを犠牲にしてきましたし、肉体的に疲れることも多いです。人一倍、一所懸命にならなければ、なかなか成立しない生き方なのは事実です。

ただ**「好きなこと」には全力で打ち込める**のです。

「好きなこと」=「やりがいのある仕事」になるはずですから、苦労を苦労と思わずに、迷わず進みましょう。

- 20/77 -

イヤイヤ仕事をすると運気が下がる

「やりがい」の話とかぶりますが、**どんな仕事でも、イヤイヤすると運気が下がります。**

イヤイヤ仕事をしていると、人相も悪くなり、性格が悪くなります。

性格が悪くなると、あなたを取り巻く環境もみるみるうちに悪くなっていくことでしょう。

これはカフェに限らず、どんな仕事にも当てはまります。

どんな嫌な仕事でも、まずは目標を設定して楽しんで仕事が出来るように工夫しましょう。

自分自身で環境を創る、または変えていくしか道はないのです。

他人のせいにし続けたところで、行動しなければ環境は変わりません。

あなたの人生はあなた自身が切り開くしかないのです。

「笑う門には福来る」です。

たとえあなたが今、つまらないと思うような仕事をしていても、楽しんで精いっぱいやっていれば新しい別の素晴らしい世界がおのずと開けてくるものです。

行動するのが嫌なら仕方ありません。但し、今後一切、自分の人生に愚痴を言うのはやめましょう。

愚痴を言いながら生活をするあなたに、今後、良いことは間違いなく起こりません。

周りの人の迷惑にもなり、皆の運気も下がってしまいますから、今すぐやめてください。

— 21/77 —

仕事は無いのではなく創れ

就職氷河期といわれて、もう何年経ったでしょうか。

わたしは、ハナから勤め人になろうと思わなかったので、大した就職活動をしませんでした。

とはいえ、勤め人になったことはあります。

大学4年の春から約2年間、ある会社に勤めました。空間プロデュースという業態の会社でしたが
そもそも最初から起業をするつもりだったので、雇われる側の人の気持ちをつかむため**「雇われる側の人」を経験しようと"スパイ就職"**しました。

独立起業のはじめは、ちょうどバブルが崩壊した年でしたが、デザイン事務所を始めました。

若いことが優位に働いて、お金が無くても始められる仕事は、必然的にデザインや音楽、書籍企画などのソフトの企画制作などしかないと思ったからです。あと時代としてわたしたちが20代はじめのころに、やっとマックが登場し、デザインの現場にパワーシフトといわれるものが起こった時代でパソコンが扱える若者にチャンスが訪れたと思いました。パソコンでデザインする時代が始まったのです。動画やCGの編集はATARIというパソコンでやっていました。

カフェは、職場のある渋谷に、わたし好みの濃くて旨いコーヒーが呑めるカフェが無かったことに始まります。欲しいものが無かったから始めたのです。

音楽事務所もそうですし。ライブハウスも似たような理由から始めています。この本などを出している書籍出版社も自前で始めました。

氷河期で仕事が無いと思っているあなたも、**無いなら仕事は自分で創れば良いのです。**

— 22/77 —

人脈などいらない、成果を出せばおのずと出来るもの

わたしが起業したとき、全くツテもコネもありませんでした。地方出身者である上に、23歳の若さで起業したのですから、同級生達は全員、当然ながら新入社員のぺーぺー世代ですし。無理もありません。

結局は、ツテとかコネはきっかけにはなっても、後の人脈は実力次第になります。やっていることが他人に興味を持たれるような面白そうなことだったり、またはある程度の成功を収めるようになれば、自然とそれなりの人脈は出来てくるものなのです。そして、やはり人間的な魅力があれば、おのずと人脈は広がります。人脈を広げたいと思っている人は、まず人間的魅力を磨いてください。

とはいえ、ある程度の規模の飲食店の場合、仕事上、特に人脈は必要ではありません。よほどローカルの小さなお店でなければ、不特定多数の一般のお客さんを相手に商売することになりますし、あまり社会の**しがらみとは関係なく生きていける**のも事実です。誰かの下請けではないので、接待なども必要ありません。カフェは、人脈など関係のないところで事業が成立します。ゆえに成功するかしないかは、真に**実力の世界**だともいえます。そんなところもカフェを始めることの魅力の一つである、といえるでしょう。

— 23/77 —

美味しいものを食べ、楽しい経験をしろ

お客さんが「うれしい」と思う飲食店は、「美味しい」お店か、「楽しい」お店です。
しかし「美味しい」ものを食べたことが無ければ、「美味しい」ものは提供できません。
「楽しい」ことを経験していなければ「楽しい」お店は創れません。

だから、お客さんが「うれしい」と思う“人が来るお店“を創るためには、経営者であるあなたが「美味しいもの」や「楽しいこと」を人よりも知っていることが前提になります。むしろ知らなければなりません。

よくセレブや有名人などが、レストランを開業したりプロデュースをすることが多いのも、たくさんの美味しいものや楽しいお店を、世界中のいろいろな場所で体験しているからです。

ですから、本当にお客さんに喜ばれるお店を創りたければ、たとえ**週に6日パン食でも、週に一度は美味しいお店や素晴らしいサービスのお店に行くべきです。**

わたしは、月に一度ですが、店長会という名目で、各店舗の店長たちを食事に連れて行きます。なかなか飲食店のスタッフというのは、暇もなく、休みも周りの人と合わないことも多いので、いいレストランなどで食事をすることも少なくなってしまいがちです。

なので、出来るだけ、美味しいお店やサービスの優れているお店に連れて行くように心掛けています。

— 24/77 —

旅をしなさい

旅をするのです。

国内でも、海外でも、とにかく旅をして見聞を深めるのです。だらだら旅行をしていても仕方がありません。食や食材に触れ、人の生活に触れるのです。

わたしは、国内のどの地方に行っても、世界のどの国にいっても、必ずその地元の市場を訪れるようにしています。なにかしらお店にとって役に立つヒントや新しい発見はあるものです。食事にしても地元の美味しいお店を探します。もちろんチェーン店には入りません。

ここ数年は、店長や本社社員を海外旅行に連れて行くことにしています。本社を含めると、のべ50人程になってしまうので、一年に3、4回ほどグループに分けていろいろなところへ連れて行きます。基本的に現地では各自自由行動ですが、希望があれば、全てアテンドして、現地の市場でボッたくられているスタッフを横目で見て、ほくそ笑んだりしています。

商売のシンプルさを体験する、お勉強ですね。

そのため、社員には、このような社員旅行とは別に、自分でも休みをとって海外旅行に行けと言っています。

旅で一番大事なのは、日本の**常識という固定概念をずらす訓練をする**こと。

旅で頭を柔らかくしてイレギュラーのことでも対応出来るキャパシティーをつくりましょう。

—25/77—

常識を疑え

「常識」という言葉が嫌いです。

自分自身の判断で生きてください。そして判断が出来る大人になるように精進しましょう。

もちろん常識が間違っているわけではありませんが、すべてを常識通りにやっていたら、つまらないありきたりのモノしか出来ません。

また、違う意味で「常識」という言葉で、巧みに近づいてくる業者が多い、ということを頭にいれておきましょう。

カフェを始める際は、工事施工業者や、厨房機器業者、消耗品業者、仕入れ業者、広告業者などいろいろな業者と付き合います。お店を始めて思いますが、何も知らないと、損をすることが多い世の中です。

例えば、〇〇急便や〇〇宅急便などの配送業者がいますが、いわゆる表示されている定価が常識とするならば、現在当社は3分の1程度の料金で利用しています。

ところ変われば、常識も違ってきます。工事施工料金も、住居は安くて、店舗は高い。適正価格というわけでなく、取れるところから取っているだけ、というような場合も多いのです。

大阪でお店を創った時、業者の方に、「大阪では見積もりを鵜呑みにする人なんかいない、値切るのが常識」と言われました。東京ではその感覚があまりなかったので、びっくりしました。

いろいろなところにいって、シンプルな世界を体験しましょう。

そして「常識」よりも「本質」を追求しましょう。

— 26/77 —

つっこみどころのある店に

お店には、つっこみどころが必要です。

つまり、**ニュースになる要素が必要**だということです。

わたしが経営しているお店のひとつ、渋谷の「桜丘カフェ」にはさくらとショコラという二頭のヤギがいます。**渋谷に「ヤギ」**です。

渋谷とはいえ立地はオフィス街、テラスもあり、単純に「羊」または「ヤギ」なんかいたら近所のOLさんが癒されて良いだろうな、といわばちょっとした思いつきで、飼い始めました。

おかげさまで、オフィス街で週末の集客がいまひとつだった「桜丘カフェ」は、逆に週末のほうが売り上げの良いお店に変身しました。

この例は極端ですが、なにかつっこみどころがある店舗は、口コミにつながり、また知り合いを連れて来店する動機にもつながってきます。それは集客の基本です。

わたしは、たとえダメな部分であっても、つっこみどころがある「個人店」を愛して通ってしまう癖があるのですが、それを個性として楽しんでいる部分があります。

例えばわたしのお店のブレンドコーヒーはすごく濃いです。「宇田川ブレンド」として、渋谷界隈では一番濃いブレンドで、ビシッと濃くて旨い、わたし好みのコーヒーですが、標準的に美味しいブレンドは、というと、きっとドトールでしょう。あれだけ店舗数があり、なおかつ専門店であれば万人受けする美味しさでなければならないものでしょうから。

しかし、**個人店は個性で勝負**です。賛否両論があっても、気にせず我が道を進んでいきましょう。

– 27/77 –

「揺れない心」をつくれ

　個人店というのは、あなた個人の個性が反映されるものです。

自分らしく生きるためにカフェを始めようとしたのですから、当たり前ですね。

とにかく、周りの意見にあまり振り回されないよう、強い意志を持ちましょう。

個人店なのだから大丈夫です。

あなたと趣味の合うお客さんが、商圏に一定数いるのならば、お店は成立するはずです。

自信を持ちましょう。

また、すべての経営者、またはすべての管理職にいえることですが、人の上に立つ立場の人間は
簡単に心が揺れてはならないのです。

要するに、心のキャパシティーが狭くては、部下やスタッフは安心してついてこられないのです。

簡単に怒ってしまったり、イライラしてしまっては、冷静で的確な判断ができません。

たとえ自分では冷静に判断しているつもりでも、周りはそのように見てはくれません。

うろたえてもいけません。

お店をはじめる、ということは、勝つつもりで勝負しているはずです。

カジノで「負けちゃうよ～」と思いながら、勝っている人を見たことがありません。

気持ちが呑まれてしまっていては、負けてしまうのです。

どのような場面でも、**平常心を心がけてください。**

– 28/77 –

明確な「目的」や「目標」が心を強くする

「揺れない心」を持ち、平常心を保つためには、「目的」をしっかりと設定することです。

なぜ自分がお店を始めたいと思ったのか、ということをもう一度はっきりと思い返しましょう。

そしてあなたがカフェを始める本当の目的は何なのか？を確認してください。

それは、あなたが今後どうありたいのか？を確認することなのです。


今からでも遅くはありません。

人それぞれに目的があるとは思いますが、目的をはっきり持てていない人は、ぶれます。

ぶれていては、うまくいきません。

カフェに限らず、すべての仕事に当てはまることです。


打たれ弱い人も、すぐにあきらめてしまう人も、目的がはっきりしていないからです。

お店を進めていく過程では、様々な困難やトラブルが待ち構えています。

「揺れない心」の平常心で乗り越えなければ、精神がやられてしまうのです。

「目的」は「目標」に置き換えても良いかもしれませんが、とにかく出来るだけ、目的または目標を明確に設定して、どうすればそれを達成できるのかを考えてみてください。

目的を持った人は必ず成果を残します、成果を出せない人には、目的がないのです。

明確な「目的」や「目標」が心を強くし、あなたを成功へと導いてくれるのです。

—29/77—

迷うな、迷って解決することなど何もない

相談に来る人の中に、とにかく迷っているという人がいます。

自分が何に迷っているのかさえわからないほど、迷っているという言葉を聞きます。

迷わないでください。迷うということは、大差なく、どちらを選んでも大して変わらないということです。実はどっちでも良いのです。だから迷うのです。

迷うという人は、暇をもてあまして、迷っている自分が好きな人です。美味しいものを呑みこまずにずうっと口の中に入れているのと同じことなのです。気持ちが悪いですね。


迷うということは、決断する力が無いということです。


情報や経験が足りなくて決められないことを、迷っているといっているだけのことです。

調べてください、決断できるよう、情報を収集して勉強するのです。

そういうことではないよ、「わたしは本当に迷っているのだよ」という人はノイローゼか何かなのでしょう。

わたしはこの10年以上、迷ったということがありません。選ぶために情報を収集することはあっても悩むことはないのです。

どんな案件でも、考えることがあってもせいぜい5分、頭の引き出しを開けるくらいの時間です。

悩むほど、暇ではありません。そんな時間があったら遊んでいた方がましです。

—30/77—

フランチャイズはやめなさい

この本は『自分らしく生きるために「カフェ」を始めたい人へ』というタイトルでした。

自分らしく生きるためには、フランチャイズに加盟するなんていうことは、もってのほかです。

フランチャイズというのは、他人の決めたルールに従ってする仕事なのです。

全てがマニュアル化してあり、自由に決められることは一つもありません。「自分らしく生きる」自由な要素は一つも無いのです。

わたしのところにもよく話が来ます。日本に未上陸の新しい海外のフランチャイズチェーンの国内展開の提案と、わたしのお店をフランチャイズ化しませんか？という提案の2種類の話です。

フランチャイズチェーンに加盟する人は、自分でオリジナルの事業を考えられないか、考えるのが面倒くさい人なのではないでしょうか。

わたしは、親子でいうところの子供の立場が嫌いなので、必ず断るようにしています。

なぜ今さら、他人の言うことを聞いて、他人のペースで仕事をしなければならないのかがわかりません。

また、フランチャイズビジネスを始めるのでは、ここでいうところの「自分らしさ」というものは実現出来ないでしょう。

フランチャイズビジネスは、始める方にとっても結果的に不自由になるものだと思います。

違った嗜好性の、お金儲けが好きな人にとっては楽しい仕事なのでしょう、否定はしません。

— 31/77 —

頭を使わずにうまくできる商売などない

頭を使うのが苦手な人、または面倒くさい人は、フランチャイズに手を出すのも悪くはありません。

しかし「自分らしく生きるためにカフェを始める」ためには頭を使わなければなりません。


大事なことを言い忘れていました、あまり頭が悪過ぎても商売は成立しません。

残念ながら**「自分らしく生き続けること」は馬鹿では出来ないのです。**

どんな商売でもそうです、カフェは立派な商売です。

ここでハッとした方は、諦めたほうがいいと思いましたが、ここでハッとできるくらいの頭があるなら大丈夫だともいえるでしょう。


思い込みも大事です。


あなたが、この本の「77の言葉」の半分以上を、お店を始める前の現状の段階で理解できるならばカフェを始めてもよいと思います。

全く何を書いているのか理解できないのであれば、あなたは、自分で商売を始めることはやめておいたほうが良いでしょう。

「自分らしく生き続けること」は、少し頭を使わなければ出来ないことなのです。

少し**頭を使うことと、前向きな生命力、**いわば元気が必要です。

32/77

学生街はやめなさい

大学や専門学校がある街、いわゆる学生街にカフェを出したがる人がいます。大学生＝カフェ好きという図式でも思い描いているのかもしれませんが、よほど特別な事情がない限り、やめておいたほうが良いでしょう。

ガロの「学生街の喫茶店」という昔の曲が、まさか今でも影響している訳でもないでしょうが、確かに大学生がたくさんいれば、カフェはある程度儲かると思います。

ただし、**学生街に大学生はいないのです**。ある大学の年間の登校日を調べたところ178日でした。驚くことに年の半分以上が休みです。年間170日前後の大学が多いようです。

わたしも大学生の時は、「大学通りのお店って流行ってるなぁ」などと浅はかに思っていましたが実は、登校日以外にほとんどその通りを歩いたことがありません。

学生街であっても、学校が休みの日でも大勢人がいる様なところなら良いかもしれませんが、年の半分しかいない学生をあてにして売り上げをつくるというのは至難の業です。

あなたが「どうしても大学生と交流を持ちたい」、「学生の相談を受けるマスターに憧れている」などの理由があるのならば仕方ないですが…怪しさ満点です。


オフィス街にも、同じことがいえます。これからの世の中は、どんどん休日が増えてくる傾向になっていますから、冷静に休日の人通りのリサーチを済ませてから出店を検討したほうが良いでしょう。

―33/77―

ハレを狙え、わざわざ来る街に出店せよ

では、どこにカフェを出店するのが良いか。それは、ハレの場所。人がわざわざ外から訪れる街ということになります。デートや買い物で訪れる街です。

学生街やオフィス街と違い、平日でも、休日でも人が訪れる街が一番効率的です。


住宅地でも出店出来ないことはないですが、お客さんのお金の使い方が変わってきます。

近所のおばちゃん達がたくさん来るような住宅地では、お茶一杯で何時間も居座られます。

これでは、混んでいるように見えても売り上げに限界があります。

わたし自身、自宅近所での食事などは無意識に安いところで済ませてしまっていますが、反面、わざわざ出かけた先では、高くても奮発して美味しいお店を選んでいます。


デートや買い物で来るような場所では、お金を使います。**人は時間とお金を使いに来ているのです。**

そんな場所を探しているのです。

そして、現在のように繁華街に同じようなチェーン店が増え続け、**チェーン店だらけになっている今こそが、個人店のチャンスだともいえるでしょう。**

デートでチェーン店に入るのはいかがなものかと、気の利いたカップルは考えるでしょう。

その街にたまに用事で訪れる人や、遊びに来る人も、せっかくだからローカル店でと考えるでしょう。

自然と逆張りの効果が得られるのです。

— 34/77 —

地域一番店を目指しなさい

地方都市では、地域一番店を目指すべきです。

栃木県の黒磯駅から徒歩10分のところに「1988 CAFÉ SHOZO」という洒落たカフェがあります。そのあたりの人口はたしか10万人くらいだと認識していますが、ちょっと行くと那須高原という観光地があります。「1988 CAFÉ SHOZO」はカフェ業界隈では名高いお店で、カフェ好きには、「聖地」ともいわれているようです。

このお店は、地域一番店になればここまで出来るというお手本のようなカフェです。カフェのみならず、「04 STORE」という洋品店や「ROOMS」という古家具店なども経営し、地域のトレンドリーダーになっています。

近年は「SHOZO 音楽室」なるものまで創り、音楽イベントを頻繁に行っています。当社の所属アーティストもたまにお世話になっています。

大型スーパーしかないような地方の小型都市で、地域の文化的発信をも担っています。10万人の都市でここまで出来るのです。有名店になり、他地域からもお客さんが訪れ、寂れかけた街に活力を与え**地域活性化を担っています**。

情報を発信し、エネルギーを使って活動することで地域一番店、全国区の店になるのです。

福岡のカフェ「SUNSET」なども、もともとはサーファーが集まる場所で、普段はアクセスが悪く普通の人はあまり行かないような海沿いのお店ですが、音楽フェスをはじめてから、有名になりました。**地域一番店を目指すなら、情報発信できる場所にする。**これが秘訣です。

35/77

「人徳」がない人のところに良い人は集まってこない

経営者とは鏡です。

同じような嗜好性の人間があなたのもとに集まってきます。

「人徳」がある人のところには、良い人が集まってきます。

「元気」がある人のところには、おのずと元気な人が集まってくるのです。

人がついてくる、ということが、お店を経営する上でとても大事なことですが、そのためには**まず自らの「人徳」を磨くこと**です。人間的魅力を磨くのです。

良い人が集まらなければ、あなた自身に問題があると思ったほうがよいでしょう。

自らのプレゼンテーションを常に行っているという気持ちで、正しく楽しく、**人に憧れられるような魅力的な生活をエンジョイしてください**。

お洒落にも気を使い、楽しく良い人生を送っていることを皆にアピールするのです。

あなたのお店は、あなたの生き写しのようなものです。


そして、そこへ良いスタッフが集まってくれれば、自然と良いお客さんが集まってくるのです。

お客さんが集まるところには、さらにお客さんが集まってきます。


そうです、**人は、人がいるところに集まる**のです。

あなた自身から発信する、良い波動のスパイラルを創り上げましょう。

—36/77—

無知から来る無謀が人に出来ないことを成し遂げさせる

時には、無知から来る無謀が、他人に出来ないことを成し遂げるものです。

少し言い方を変えれば、**「既成概念にこだわらずに物事を考えられる」**ということです。

時代はスピードを上げ、みるみるうちに状況は変化していっています。

以前は通用したセオリーも、徐々に通用しなくなってくるのです。

今までの仕組みを知っている人や、ある程度の過去の成功がある人ほど、変化に対応するのが遅くなったりするのです。

全く新しいやり方をするのは、実は、他業種から新規参入した人であったり、新しく仕事を始めた人だったりします。既成概念に縛られず、本質をとらえ、シンプルにフラットに物事を捉えようと考えるからです。

例えば、音楽CDの話だと、既存の音楽業界では駅のキオスクにCDを置くという概念がありませんでした。しかし、弊社で「青森駅」というCDをリリースした時に、青森駅の東京行きホームにあるキオスクに置いてもらったところ、短期間でそのCDは一軒のキオスクで5百枚程を売り上げました。

わたしは音楽業界にいた経験がないので、既存メーカーがなぜ「前例が無いから出来ない」と言うのかが全く理解できず、それを無謀とも思わなかったので、こういった行動に出たのです。

世の中には、「なぜこうなっているの?なぜ出来ないの?」ということが意外と多いということを覚えておいて下さい。

―37/77―

自分の月給を管理できない人は、独立しても失敗する

以前、開業したいのだけどお金が無いから出来ない。という人のことを書きました。いや、書いていましたっけ？


なかには、簡単にわたしに「お金を融通してほしい」とくる人がいます。

事業資金であれば、プレゼン次第では融通しますが、何を勘違いしているのか、月々の小口の生活資金を頼みにくる人がいます。わたしはあなた達のお父さんではありません。


これは意味合いとして大きな違いがあります。生きてくるお金と、生きてこないお金です。

独立開業するということは、経営をするということです。

独立する前から、自分の日々の収支も管理できない人は、独立しても成功しません。

人を雇うのです。これはスタッフの生活の面倒をも見るということなのです。

自分一人の月々の面倒も見られない人が、他人の生活の面倒まで見られるはずがないということが言いたいのです。

そして一番問題になっているのは、そんな生活の小口の現金の為に、わたしに融通を頼みに来てしまうことで、自分の信用を失っていっていることに、本人が気付いていないことです。

わたしなどからの、今後使えるかも知れない信用先を小口取引で失ってしまっているのです。

実際、頼まれて独立資金を融通することがありますが、その際は人を見ます。

資金調達も大事な仕事です。借りる相手の、時と場合の判断を間違えないようにしましょう。

— 38/77 —

カフェという業態は有利です

カフェという業態はとても便利で使い勝手が良い業態です。

わたしは、カフェは個人主義の今、レストラン、居酒屋、バーなどよりも成功しやすい業態だと思っています。

バーや居酒屋など、お酒が主体の業態は、御存じのように、現在は、若者のお酒離れが顕著で、その影響をもろに受けてしまっています。また、景気にも大きく反映される業態です。また、クラブ（踊るほうの）も流行っていましたが、統計によると、国のGDPの成長率が5％を超えないと、クラブは盛り上がらないという結果が出ています。

居酒屋も本来、差別化が難しいため、価格競争となり消耗戦を繰り広げ、厳しい状態です。

なぜ、カフェという業態が良いかというと、たとえば外で4人集まった時、誰かしらお酒を飲めない、または飲まない人がいたりします。また、軽く集まった時などは、一人くらいお腹がすいていない人が居たりするものです。そんな時、カフェはいろいろな需要に対応します。

お茶だけで打ち合わせなどのお話がしたいお客さん。お酒が飲みたいお客さん。ご飯を食べたいお客さん。カップル、子供連れ、家族連れ、友達、仕事仲間など、いろいろなお客さんの様々な状況にもっとも対応できるのがカフェという業態です。

一応、ファミリーレストランが同じような対応が出来る設定の業態ですが、安売りや時代の変化などでイメージが劣化してしまった今、勝ち残れるのはカフェ業態、といえます。

—39/77—

「競合店」ではなく「共感点」を調査すべきである

人がたくさんいる都市では、競合店を調査することは、あまり意味がありません。どうせ、またたくさんのお店が後から続々と出来るからです。キリがありません。

お客さんの絶対数が限られている地方の商圏にカフェを出店するつもりであれば、競合調査も必要になってくるとは思いますが、それよりも大事なことは**「共感点」を調査することです。**

お客さんの「好き」なものや、ことは何でしょうか?そこに競合店は関係ありません。

以前、取材を受けている時に、インタビュアーに「御社の競合はどこになるのでしょうか?」と質問されたことがあります。そのときの予期せぬ質問に、競合他社は思い浮かびませんでしたし興味がありませんので、全く答えられませんでした。

いったい、それを知ることに何の意味があるのでしょうか?

その時にこの表題の言葉を思いつきました。

周辺の他店を調べるくらいなら、お客さんの行動を調べたほうが商売のためになるでしょう。

もうちょっと深く考えましょう。

他のお店に勝つのが目的ではないでしょう。

お客さんに喜んで利用してもらえること、満足してもらえることが本来の目的なのですから、その気持ちをつかむことに頭をつかってください。

—40/77—

サービスの基本は、お客さんを良く見ること

たくさんのカフェを見てきたであろうあなたが今後やることは、いろいろなお店を観察するのではなく、そこに来ているお客さんを見ることです。これからは、お店に来ているお客さんを観察するように心がけてください。

そのお客さんたちが満足しているかどうかを観察するのです。

そこに、あなたがこれから始めようとしているお店の、本当に参考になる部分があるのです。

カフェのいろいろな部分を見たように思っているあなたは、実はお客さんに本質があるのを忘れてしまいがちです。

サービス業ですので、これからはサービスの本質を勉強しましょう。

意外と、体裁だけ整えてまぁまぁ良いお店でも、サービスが残念でがっかりしてしまうことが多々あります。高級レストランではないのでトゥーマッチなサービスが出来なくても良いとは思いますが、問題がありすぎても困ります。適度なサービスを心がけましょう。

ホールサービスの基本は、お客さんと、お客さんのテーブルの上を良く観察することにつきます。水や灰皿はともかく、追加オーダーを欲していないか。お皿の進み具合を見ることで、味付けや、料理の量は問題ないか。美味しそうか、不味そうか。

お客さんが何を求めていて、何を求めていないのかを常に気をつけていましょう。お客さんからより良い商売の改善のヒントを吸い上げるのです。

そして空気を読んで適度な距離感で接することも大事なポイントです。

— 41/77 —

繁盛店は、接客に無駄な動きがありません

繁盛店には、無駄な動きがありません。

また、よけいな数のスタッフもいません。

意外なことに、ホールスタッフの人数を増やせば、サービスが良くなるとは限らないのです。

店の広さと業態に合わせて、妥当な人数というものが決まってきます。

ちょうど良い人数でまわせば、無駄な動きが無くなります。

人員に余裕が出てくると、集中力が散漫になり、よけいなことを始めます。

個々の忙しさの基準がずれてくるのです。また他の誰かがしてくれるものだと思って、気を抜くことも出てきます。

よって、暇で余裕があるお店ほど、サービスの低下が起こります。不思議なものです。

暇であったり、スタッフの数が多いほど、オーダーミスは起こるものなのです。

よけいなスタッフがいると、個々の責任感が薄れてくることが原因ともいえます。

また、よくありがちなことに、ホールスタッフが、カウンターに溜まったりデシャップでオーダーが出てくるのを待っていることが見受けられますが、この動きも全くもって無駄です。

待ち構えても、早く出てくることはありませんし、その間、お客さんのほうを向いていることが出来ません。

前項で述べましたが、サービスの基本は、お客さんとそのテーブルを観察することです。

お客さんに背中を向けることの無いよう、気をつけましょう。

— 42/77 —

フォトジェニックな店を創りなさい

写真映えするお店を創るべきです。

たとえば、雑誌に紹介された時、そこにグッとくる店内写真が載っていると、単純に興味をそそります。

お客さんはそのお店に行きたくなります。

また、前を通りかかった時に「**あのお店、気になる**」といったルックス的にドキドキする感じを創ることが出来れば、まず導入部分は合格といえるでしょう。

そういった理由で、わたしは商業施設への入店が嫌いで、路面店が好きなのです。

好きなたたずまいのお店が、ビルインのお店では創りづらいのです。

例えば、カフェという業態はカップルがデートで使います。待ち合わせしたりもします。

彼氏、または彼女が、そこの店内にいて自分が絵になる、いわばカップルの皆さんがそこに存在したい、と思うようなお店を創るべきなのです。

街に存在するカフェはある意味、ステージでもあるのです。セットとなる家具も重要です。

座った時に、彼氏、または彼女に、自分がかっこよくみえる椅子やテーブルが良いのです。

そういう意味で、そこに座りたくなる椅子があるか?ということが重要です。

入りたくなるお店、座りたい椅子、お客さんが存在したい場所、を創るということです。

客観的に「自分がその店に入ってみたいと思いましたか?」「そこであなたはモテますか?」ということを、あなたのお店を創るときの基準とするべきです。

43/77

コーヒー・紅茶の美味しいお店をつくりなさい

当たり前のことなのですが、「カフェ」ですので、最低限コーヒーと紅茶は美味しくしてください。

意外なことにこれが出来ていないお店が多いのです。

せめて、美味しいコーヒーや紅茶の淹れ方を研究してください。

わたしの会社がある渋谷の近所のお店でも、おそろしくアイスティーの薄いカフェがあります。

ホット用に普通に淹れた紅茶を、そのまま氷のたくさん入ったグラスに注いでいるのです。非常に残念です。そこが直ればもっと流行るのに、と思っています。

カフェですから、当然**一番出るメニューはおそらくコーヒーと紅茶**ということになります。

これが不味かったら致命的です。

最近では、コーヒーが飲めないというカフェオーナー希望者まで出てくる始末！

カフェという空間が好きなだけなのか、お客さんとしてカフェに行ってカフェ好きなどと言っているうちは良いですが、いざ自分がお店を始めるとなるとそうはいきません。

「うちの売りはカレーだから」という人はカレー屋をやってください。カフェを始めるのなら、この二つの美味しさだけは死守するべきです。コーヒーや紅茶の原価はたかがしれているのですから美味しいコーヒーや紅茶にこだわることはいくらでも出来るはずです。

コーヒーや紅茶をケチるようなことは絶対に止めましょう。ケチってはいけません。

「カフェ」をやる以上は、間違いなく看板商品となるのですから。

「NY」

「中国 広州」

— 44/77 —

自然食レストランはやめなさい

「タニタの社員食堂」をそのままコンセプトにしたレストランが異常に流行っていますが、同じような業態を安易に真似することはあまりお勧めしません。

あれだけエコノミーに落とし込むことが出来て、行列をつくるくらい集客して、やっと成立するものだと認識してください。本が売れたから成立している、特殊な例です。

そもそも社員食堂は安いものです。会社の補助もあるでしょうが、利益はそれほど追及されていないでしょう。真似して儲かるものではありません。

店舗も「タニタ」が経営しているわけではないようです。驚くべきことにオリジナルの「タニタの社員食堂」とは違う運営会社、外食業の「きちり」がレストランを運営しています。

「痩せる」等健康のため、継続して通わなくてはならないメニュー展開は良くできています。

しかし、**「健康管理レストラン」**と**「健康食、自然食レストラン」は別物**です。

わたしの親戚も20年ほど前に、「自然食レストラン」をベンチャーで始めたことがありました。横浜東京、サンフランシスコなどにいきなり「有機野菜のレストラン」を展開しましたが、時代的に早かったというのもありますが、皆が思っているより難しいようで、その店は結局3年ほどで早々に撤退してしまいました。

まず、本当に健康志向の人は、あまり外食しませんし、お酒を飲みません。たくさんも食べませんからおかわりもしません、よって売り上げが上がりません。

よほどお店が流行らない限りは、食材のロスが多いのです。有機野菜はすぐに腐るのです。

45/77

オープンキッチンにするべき

お店を創る上で、「オープンキッチン」にすることをお勧めします。
これには二つの理由があります。

一つめは、お客さんの顔を見ながら料理が出来るということです。お客さんがその料理を食べている様子を実際に見られるのと、見られないのとでは、メニューを改良・改善していく上で全くリアリティーが変わってきます。それから、お客さんの反応を見ながら調整していけるため、料理をする仕事に対するモチベーションを上げやすい。やっぱり「おいしい」と喜ぶ顔が見られるのはうれしいものですよね。

二つめは、**人件費を節約できる**ということです。飲食サービス業のサービスというのは、どれだけお客さんのこと、お客さんのテーブル上を観察できるかにかかってきます。オープンキッチンであれば何人かの目が増えるのです。お客さんの変化に気づく機会も増えるというものです。オープンキッチンにするのとしないのとでは、ホールスタッフ一人分の人件費分は違ってくるものと考えてよいでしょう。

また、補足をすると、クローズのキッチンのお店よりは、**フロアを広く感じさせる効果**もあるという利点も付け加えておきます。

— 46/77 —

最初から完璧は目指さない

最初から完璧は目指さないことです。

なぜなら、はじめての場所にお店を創る場合、完璧を目指したところで、完璧に出来ることなどまずないからです。

最初はだいたいで良いのです。オープン前、どのようなお客さんが来るかわからない状態で、完璧に創るのは不可能です。どんなプロでもそうなのです。本物のお客さんを相手にオペレーションを実際にしてみてから、初めてわかることがたくさんあります。

お店は生き物なので、逐一状況は変わっていきますし、本当に大切なところだけをとにかく死守してあとはむやみに完璧を求める必要はありません。


また、わたしは**「お洒落すぎず、新しすぎず、綺麗すぎず」**をモットーにしてお店を創ってきました。何にでも「ちょうど良い感じ」というものがあるのです。

ピカピカのお洒落すぎるお店では、落ち着かないですし、お酒も進みません。だからわたしのお店では家具もちょっと傷がついたら気になってしまうような、イームスなどの樹脂のものは避け、ある程度古くなってもそれが味になるような素材の家具を選ぶようにしています。

なんなら、オープンしたばかりが一番かっこ悪い状態だと思っています。古いお店は今まで存続してきたということが信用になるのです。ですから、出来るだけ昔からあった様な風合いのお店を創るよう心掛けています。

— 47/77 —

未完成は、「自分たちのお店」という動機付けに

前項で、**「最初から完璧は目指さない」**と書きましたが、お店がオープンして営業を進めるにつれて徐々にお客さんが入ってくるようになり、お客さんからの様々な要望や、オペレーションからの物理的な改善すべき点が出てくると思われます。

そうなってから、残りの部分の完成を目指しましょう。営業しながら現場でのオーダーメイドやカスタマイズということが出来るのです。

お店は、ある意味、創っている時が一番楽しい時期だとわたしは思います。ですから、その楽しいクリエイティブな作業部分をオープン後にも取っておきます。現場のスタッフともこの楽しさを出来るだけ分かち合いたいのです。

そして、お店の現場スタッフがなるべく**自分たちで、「お店が良くなるにはどうしたら良いか?」ということを考える**ような環境をつくります。

ここが大事なのです。

「経営者以外の現場スタッフが、自主的にお店を良くするように考える」

ある程度の大きな規模のお店であっても、店舗に3人、本当にお店を良くしようと考えるスタッフがいれば、必ずそのお店は良くなるのです。

「自分たちのお店」という動機付けのためにも、現場が創る余地を残しておきましょう。

— 48/77 —

派手なオープニングパーティーは商売に結びつかない

お店をオープンする時に、オープンニングパーティーまたはレセプションパーティーというのをよくやります。わたしのお店も何店舗かこういったパーティーを行いましたが、基本的に実際の売り上げに結びつくような効果は全くありません。

レセプションパーティーに呼んでいるような人たちは、まず普段お店には来ません。

わたし自身も、話題のお店のオープニングパーティーなどに時々呼ばれますが、そういったお店にほとんどその後伺ったことがありません。

パーティーピープルはパーティーには顔を出しますが、通常営業時にはいないものです。


わたしがお店でパーティーを行うのも、久しぶりに知り合い集めて、単純に自分が飲み会をやりたい口実のためにお店のオープニングを利用しているのにすぎません。花見などと同じ理由です。今までに何店舗もお店を開けていますが、オープニングパーティーをすることで、その後の営業成績に何らかの影響があったことは全くありませんでした。ですから、やらなくても良いです。

一番流行っている「宇田川カフェ」は移転時に、パーティーをしませんでした。パーティーとは関係ない一般のお客さんがたくさん来なければお店は流行らないのです。

知り合いや、常連さんに頼らないお店が、本当に流行っているお店なのです。

—49/77—

「いらっしゃいませ」からすべては始まる

まず、挨拶です。

お客さんの「ファースト・インプレッション」=「第一印象」はここから始まります。

いくら忙しいお店でも、この「ファースト・インプレッション」さえ好印象であれば、ある程度のことはお客さんに許してもらえます。

ちょっと待ってもらったり、少しサービスが遅くなってしまっても、挨拶が爽やかに決まれば、少しだけ大丈夫です。

この次の「ファースト・コンタクト」いわゆるお客さんとスタッフが初めて対面した瞬間。これも良ければ、まずそのお客さんはお店にクレームを言うことはないでしょう。

ほとんどのお店の印象は、この二つの「ファースト」の行動で決まってしまうと言っても過言ではありません。

気持ちの良い挨拶というのは本当に大事です。

お客様とのコミュニケーションを図ることが、サービスの第一歩となるのです。


逆に、この二つの「ファースト」の印象が悪いと、お客さんは、お店の悪いところばかりに意識がいく思考回路に陥ってしまいます。

なんとかして、お店の悪いところを探して、クレームを入れようと考えてしまうものなのです。

そういった意味で、はじめの「いらっしゃいませ」の態度は非常に重要なのです。

— 50/77 —

常連にのみサービスをすると一般のお客さんが不快になる

気を付けなければならないのは、カウンターでの接客です。あなたがどのようなカフェを創りたいのかによりますが、ある程度の一般客を取り込んだ繁盛店というものを目指しているのならば、カウンターでの接客を極力避けるべきです。「宇田川カフェ」にもカウンターはありますが、料理やドリンクの出し入れのデシャップとして使っているだけで、お客さんは座らせていません。

ただ、あなたが、漫画『タッチ』に出てくる「南風」のような喫茶店のマスターに憧れているのであれば、カウンターはつくるべきでしょう。私の田舎の喫茶店もこのようなマスターが居るようなつくりのいわゆる「喫茶店」が主流です。悩み相談などをするにはもってこいの空間です。悪くないです。

しかしこのようなローカルタイプの小規模店では、良いかもしれませんが、ある程度一般のお客さんを取り入れなければならないような中型店以上の店舗、またはお店を繁盛させたり流行らせたりしたいのであればカウンターの接客はお勧めしません。常連のお客さんがカウンターを占領して内輪話で店員と盛り上がってしまっているようなお店は、他の一般のお客さんからすると気持ちの良いものではありません。ただ閉鎖的に見えてしまって「**どっちらけ**」になってしまうのです。

— 51/77 —

時間を守れ

営業時間は必ず守ってください。

お客さんに与える安心感が違います。

せっかく訪れたお店がやっていなかったら、非常に残念な気持ちになります。それもやっているはずのお店が開いていなかったとなればなおさらです。

「あのお店は、いつ行っても営業している」というのも安心感という信用につながります。

たまに個人店で「都合により開店が遅れます」とか、「都合により休みです」ということが多いお店がありますが、遠方からわざわざ訪れた時のショックたるや計り知れません。

あなたの都合などは、お客さんにしてみれば、知ったことではないからです。

どうしても仕方のない理由で閉めざるを得ない時は、せめて事前に、ネットなどで告知を忘れずにするように心がけましょう。

「お店を開けておく、営業時間を守る」というのは約束なのです。仕事相手や友人との約束となんら変わらないのです。約束を破るのは信用を失います。これと同じことです。

また、お客さんが来ないからといって、早じまいをするのもお勧めできません。営業時間を公表している以上は、約束なのですから、お店は開けておくべきです。そして、出来れば、開店時は常に5分前に開けるように心掛けるべきです。

準備が出来ていなくても、店内でお待ちいただくような**「おもてなし」の気持ちが大事です。**

— 52/77 —

休まない。売上ダウンは粗利ダウン

前項と関連しますが、「あのお店はいつでも開いている」という安心感を与えるため、なるべく休店日をつくらないことです。

ましてや、オープンしたての時期は、お客さんがいつ来て、いつ来ないのかを把握できるまでは少し大変ですが、当面は休みなく営業してみて、状況を把握するべきです。

お客さんの来店動向の状況を把握してから、営業時間を見直していけば良いでしょう。


また、家賃を払って営業している場合、週に一日でも休むと経営的に多大な影響があります。

乱暴に計算すると、週に一日休むということは30日分の4日、13％以上もの売上が下がるのです。

暇な曜日だとしても10％程度、一割を捨てているのです。

変動費と固定費という仕分けで考えると、売上がダウンするということは、必ず粗利益がダウンすると考えられます。

営業している他の日で、休業している費用の補てんをしなければなりません。

わかりやすくいうと月家賃60万円の店舗であれば、一日当たり2万円の家賃負担ですが、週に一日営業しないでいると、毎日2万3千円の家賃負担となります。家賃以外にも固定費はあるでしょう。

休むということは、営業日一日当たりの黒字になるペイラインが上がる、ということを肝に命じてください。

—53/77—

お客さんは8割以上「いつものレパートリーのお店」で食事する

わたしもそうですが、ランチ含め、おおよそ行くお店は、ある程度決まってきています。

ランチでいうと立地含め、だいたい5店舗のレパートリーから自然と選んでいます。

いわゆるお客さんの「レギュラーのお店」というものは各自決まっているのです。


そこに新しく乗り込んでいき、既存のレギュラーを切り崩していくのですから、大変なものです。

ただ、統計でいくと16%程度の頻度で、お客さんはレギュラー以外のお店にたまに「浮気」する機会があるそうです。

そこが狙い目です。

そうです、**お客様は常に「入れ替え戦」をやりたがっている**のもまた事実なのです。

そのためには、この後書きますが、まずは「お客さんの心をつかむ」努力が必要になります。

自分のお店が、この入れ替え戦に参加できるきっかけは何なのか?を考えてください。

以前書いたように、まずは**一目見て入りたくなるようなお店を創る**、ということは出来ているでしょうか?今からでも看板等サイン、ポップなどで工夫出来ることはたくさんあります。

ここでは、**お店のウリ、何屋であるかが一目瞭然であることが大切**になります。

そして、その後には「レギュラーのポジションを守る」という努力をしてください。

―54/77―

お店のウリ、何屋であるかが一目瞭然であること

たまに、何屋なのかが、判らないお店があります。横文字のお店に多いのですが、カフェなのかレストランなのかバーなのか判らないお店、時にカフェだと思ったらカレー専門店、ひどい時は美容院だったこともあります。

わたしのお店は「宇田川カフェ」「桜丘カフェ」のように「町名＋カフェ」という全く判りやすいカフェ以外とは想像しがたい店名をつけています。

ただライブハウス事業のほうで「チェルシーホテル」などと店名をつけてしまったところ、いまだにホテルと間違えられ、空き室状況の問い合わせの電話があります。本当にすみません。

ライブハウスの場合は、誰かの〝ライブを見る〟という明確な目的があって来店するお客さんがほとんどなので支障はありませんが、カフェの場合はそうもいきません。

飲食店というのは娑婆中に氾濫しています。たくさんある飲食店の中からあなたのお店を選んでもらうには、**お店のウリを明確に**して、どのようなお店なのかをわかりやすくアピールすることが必要です。

わかりやすいのは、モーニングサービス。煮込みハンバーグが絶品。築地で毎日仕入れ。インド人が肩越しにチャイをサービス。ワニ肉あり。などメニューで勝負することでしょうか。

他には、ソファー席でゆったり。店員が可愛い。ヤギがいる。ノーパン。などいろいろです。

―55/77―

食べたい、飲みたいメニューがあること

いくらアイデアを振り絞っても、お客さんに求められてなければ意味がありません。

最終的には**「あのお店のあれが食べたい！」と思わせる戦略**が必要です。

お店をやる以上は、本当に美味しいもの、自信があるもののみの提供でなければいけません。

いろいろな体験から、食材を吟味し、コストに合う限り美味しいものを提供しましょう。

そして一つは名物をつくるのです。ヒットとなるべく商品をつくるのです。

これには常識を打ち破るチャレンジが必要となります。

料理人が**「自分が教わったままの料理しかできない」のではヒット商品を生み出せません。**

ほとんどの料理人は、普通のもの、標準のものをつくることは教わってきているからです。

料理人を育てることが必要になります。職人の意識を変えるのは非常に大変です。

名物はアイデア次第で作成可能なものです。

ラーメン屋が判りやすく良い例ですが、普通の昔ながらのラーメンでヒットを出しているお店はあまりありません。ちょっと度を越えているようなお店が人気店になっているのです。

とはいえ、わたしのお店では、それほど特殊なメニューはありません、チーズケーキ、カレー、バナナジュースなど、それぞれの定番メニューにファンがいます。オムライスは、テレビ番組で取り上げていただいたほどです。**定番こそ美味しく作れ**といっています。比べられますからね。ちょっとだけ美味しい裏技をつかって差別化をするのです。

– 56/77 –

自信があるものしか提供してはならない

自信があるものだけを商品にしてください。

これもあたりまえのことなのですが、意外とメニューのレパートリーを無理矢理増やそうとしたのか、自信のないものまで提供してしまっているようなお店があります。

　自分が本当に美味しいと思ったものだけをメニューに載せましょう。

最近はあまり聞きませんが、ちょっと前は、「カフェ飯」などと言われ、カフェのご飯は馬鹿にされていたものです。

わたしのお店は基本的に、必ず新しいメニューを投入する時は、わたし自らが試食をします。

美味しくないものは、メニューに載せることを認めていません。

過去にスタッフが「タコライス」を提案してきたことがあって、却下したことがありました。

学生の夜食じゃあるまいし、あまりにも簡単過ぎてありがたみを感じないからです。わたしはわざわざお金を払って頼むものではないと考えています。このような商売を許すから「カフェ飯」などと馬鹿にされるのです。

これでは料理人のモチベーションも上がりません。

同じような理由で「ロコモコ丼」なども却下です、誰でも作れます。

一品一品、自分が本当に納得できるものを積み上げてメニューをつくっていきましょう。

そして**ちゃんと料理を提供しましょう**。

—57/77—

いつも同じ味が提供できるようにすること

お店に一度来てくれたお客さんに、「また行きたい」と気に入ってもらえれば、しめたものです。

「また行きたい」の次は「誰かを連れて行きたい」となります。

新しいお店へ行く機会というのは、「前にお店に行ったことがある知り合いに連れてきてもらって」というものがほとんどだったりします。


他のお客さんを紹介してくれたお客さんが、何を気に入ってくれたかにもよりますが、提供商品を気に入ってもらった場合、必ず連れてきた人にも、前に来た時の、その気に入ってくれた商品を勧めることでしょう。

その場合、その**商品は必ず、いつでも同じ味でなければなりません。**

紹介してくれた人に恥をかかせないように、がっかりさせないようにすることです。

料理を毎回、同じ味に仕上げることは難しいことです、スタッフが入れ替わるのであればなおさらです。だからこそ、誰が作っても同じ味になるようにするべきなのです。


"いつもと同じ味"は一つの信用になります。人を紹介するのに、勇気がいるお店ではいけないのです。

飲食店は、徹底していつでも同じ味が作れるようにならなければダメです。

ファンになろうという人を裏切らないようにしてください。

— 58/77 —

お客さんのストーリーを把握せよ

お客さんの行動を調査しましょう。

どういった経緯で自分のお店を訪れているのかをイマジンするのです。そう、かのジョン・レノンのように。


カフェはいろいろな用途に使われます。

打ち合わせをしたり、食後のコーヒーを飲みに来たり、映画を観た後に寄ったり、友達に相談事をしたり、あれをしたり、これをしたり。

お客さんの行動を把握することで、あなたのお店がお客さんのために何をしたらよいのかが、おのずと判ってくるのです。

お客さんの行動や利用動機は、店のムードづくりにも関わってきます。時間帯によって、店内の照明を調節したり、BGMの音量や選曲を考えたり、時間ごとのメニュー構成にも反映させることが出来ます。


カップルが多くデート遣いが多い週末と、ビジネスマンが多い平日とでは、お店の雰囲気は変わってきます、いや、変えるべきでしょう。

TPOに合わせた環境をつくりあげましょう。

そして深夜帯や週末は、うっすらと**セックスを意識させましょう。**

—59/77—

お酒を飲んでもらいなさい

繁華街にあるカフェは、お茶だけでは、なかなか家賃に見合う売り上げが上がりません。家賃が高いので、ある程度の客単価を売り上げなければ、お店が成立しないのです。お酒のお客さんはお代わりをしますが、お茶のお客さんはなかなかお代わりをしません。「宇田川カフェ」でも最初から、「夜カフェ」というコンセプトで「カフェ」といいながらも、お酒を飲んでもらうことに注力してきました。

お酒の種類も充実させ、夜はつまみになるようなフードメニューにも力を入れています。もちろん「カフェ」ですから、表だって、「お酒飲んで!」とも言えないので、そこはかとなくお客さんが、**お酒を自然と飲みたくなる「ムード」づくり**をしています。

ドリンクメニューの充実はともかく、お酒が飲みたくなるような、店内照明の適度な暗さ。お酒が飲みたくなるような、ラテン寄りの盛り上がる音楽。お酒が飲みたくなるような、低めの椅子などお茶目的で来店したお客さんもお酒を飲んでしまうような環境づくりをしています。

深夜営業をしているので、その結果、流れでお酒を飲みながら憩う人たちで平日夜中の2時に満席状態ということもよくあります。

―60/77―

音楽（BGM）にこだわりなさい

音楽（BGM）にこだわりましょう。

BGMというのは恐ろしいもので、店内のムードをガラッと変えてしまう影響力があります。

BGMが変わるだけで、オーダーの構成も変わってくることがあります。

たとえば、夜の時間帯に、テンポの良いダンスミュージックをかけることで、ドリンクのオーダーが増えるなど、音楽によってお客さんの気分はかなり左右されます。

営業の時間帯によって、DJとまではいきませんが、お店やお客さんの状況をみながらBGMは選曲しましょう。

また、音楽は選ぶジャンルによっては、お店のコンセプトとして活用することもできます。

「宇田川カフェ」ではもともと私の経営する母体会社が音楽会社ということもあり、「宇田川カフェ」オリジナルのCDをつくって展開しています。このCDが全国発売されたため「宇田川カフェ」という名前を全国区で広めることができました。

最近では「Couleur Cafe」というシリーズで、コーヒー豆の産地の音楽をテーマに、ブラジルやハワイにスタッフを行かせて、コンピレーションCDを制作・発売しています。

このCDシリーズは、「TSUTAYA TOKYO ROPPONGI」で1位になるなど、シリーズ累計で10万枚を突破するヒット商品になりました。特殊な例ですが、こういった活用の仕方もあるのです。

—61/77—

文化的情報を発信すること

お店がオープンして間もない頃は、だれもお店の存在を知らないのですから、まず周囲に知らせる努力をしなければなりません。ただし、クーポンなどを使ってやるプロモーションは、お客さんの質が下がるのと、お店の安売りをするようなもので、イメージ的にも良くありませんので、お勧めしません。

お勧めする方法は、ライブやワークショップなどの情報を発信するイベントをやることです。カフェは文学であり、音楽であり、文化的情報を発信するコミュニティーの中心であるべきなのです。

とにかく**磁場エネルギーを高める努力をすること、**カロリーを消費することです。お店の知名度が浸透するはじめの種が撒かれることになります。良いプロモーションになるのです。もともとカフェに来る目的以外の人の来店も見込めます。ネットワークが増えるのです。

また、あなたやスタッフが、お店の代表として他のイベントにＤＪとして参加したり、カフェの出張屋台などでコーヒーやカレーなどを売りにいく、などといういわゆる出稼ぎ営業的なことも良いプロモーションになるでしょう。

情報発信地に人は集まり、人が集まるところに人は行くのです。

—62/77—

取材が来るお店をつくれ

お店は、取材を受け、紹介されることで、確固たる「定番」の人気店に育っていきます。わたしのお店も、そのようにして育っていきました。

わたしの会社はもともとCDなどを制作、販売するレコード会社なので、プロモーター、いわゆる宣伝担当というスタッフがいます。アパレルブランドなどではプレスなどともいいますね。

お店を始めた時に思ったのは、お店を宣伝するほうがCDを宣伝するよりも媒体に載せるのが非常に簡単だったということです。

CDというのは、同じ日に発売される競合タイトルが多く、各社とも宣伝担当が頑張りますし、また雑誌などの媒体も限られている為、ほんとうに競争が多くて、大変です。

それに比べれば、カフェなど、特に個人店ではほとんどといって宣伝担当をおいているようなところは少ないですし、新規オープンのお店となれば、それだけで取り扱ってくれるような媒体も多いのです。

そんなこともあって、わたしはお店の出店を検討するときは、「まっぷる」や「るるぶ」などその街が掲載される情報誌、タウン誌などが紹介するメインのエリア地図内に自分のお店が入るかどうかを基準とします。

下準備として、特徴のあるお店づくりの中、こだわっているポイント、ビジュアルなどをまとめてお店の紹介コピーなどをいれた紙資料などを作成しておきましょう。どのように雑誌に載るかを意識して**取材が来るお店づくり**をする、というのもとても大事なことです。

—63/77—

ダメなお店ほど、店頭が賑やかになる

わたしのお店がある渋谷もそうですが、繁華街には「客引き」や「キャッチ」といわれるような人たちが路上に溢れています。そこまではいかないにしても、お客さんを店内に呼び寄せる、ただそれだけのための人員を店頭に配置してしまうようなお店もあります。

そもそも、路上で客引きをすることは、チラシ配りを含めて、届け出をしていなければ違法行為なのです。

ガムを噛みながら、客引きがメニューをくるくる回しているようなお店のサービスが良いようには思えませんし、何より邪魔くさいです。

一ついえることは、そのようなことをしているお店に良いお店はありません。

売上が悪いお店や、つまらないお店ほど客引きをして、サービス業本来の仕事を忘れているのです。

流行っているお店や、特徴がはっきりしているお店は客引きなんてやりません。

これはセオリーです。

わたしが思うに、カフェはサービス業なのですから、客引きをするなどよけいな人員が確保できているのであれば、店内でもっとマメなサービスをした方が良いということです。

一人でも入ってきたお客さんを満足させるように注力しましょう。

それから「**入り口近くに店員がいると、お客さんは入りづらい**」というデータもあります。

集客が心配でお店の前に出て立っている店員をたまに見かけますが、逆効果なのです。

焦らないでください。

—64/77—

お客さんが来てくれることのありがたさを忘れるな

わたしのお店も最初は、お客さんが全く来ませんでした。

最初はどうなることかと思いましたが、雇ったばかりのスタッフたちを無闇に不安にさせるわけにはいきませんでしたので、大丈夫、大丈夫。などと一緒になってダーツなどをして気を紛らわせていました。

そんな時でも、表に立ってチラシを撒くなどということは絶対にしませんでした。

むしろ、そんなことをしてはいけません。

イメージは大事なのです。

ましてやクーポン雑誌などに載せてもいけません、ぐっと我慢です。

だって、お洒落カフェなのですから。

そのうち一人来て、二人来てという風に、ちゃんとしたことをしていれば、徐々にお客さんは増えていくものなのです。

たとえ少しずつでも、増えていきさえすれば心配することはないのです。

それよりも、**割引チラシやクーポンなどで、客層が荒れてしまう**ことを危惧してください。

我慢をして、お客さんが来なかった時期を経てきたスタッフは、お客さんが来てくれることのありがた味がわかります。その分、接客が良くなるのです。

そのありがたい気持ちを忘れなければ、たとえお店がどんなに忙しくなったとしても、良い接客をし続けていけるでしょう。

65/77

オープンした月の売上を最低ラインに置く

前項でも書きましたが、良いお店を創りあげるには、我慢が必要です。良いお店には良い客層が不可欠です。そして、良い客層がつくためには、ある程度時間がかかるものですから、焦って目先のお客さんに飛びつかないこと。お客さんがお客さんを呼んで、同じ種類の人が集まってくるわけです。最初を間違って焦ると、良いお店になりません。

良い空間に良いサービスと良い商品があれば、必ずお客さんは増えていきます。口コミで広がったり、紹介で連れてきてくれたりして増えるのです。わたしのいくつかのお店も、オープン後少しでも売り上げが伸びていっていれば、ほったらかしにします。スタッフに自由に「まかせる」のです。

まともにやっていれば、ある程度の繁盛店になるまで、売上は上がり続けていくハズです。ですからオープンした月の売り上げが最低ラインと考えて、それを下回るなら、何かが間違っているということ。しかし、お客さんが減ってしまうということは、何か原因となる問題があるのでしょう。これは原因を探せば、ある程度直すことは可能です。

この時だけは、さすがに原因を探しなさいと対処させます。必ず**思い当たる原因はあるもので、基本的にすべて改善できることばかり**です。

66/77

人のせいや運のせいにしない。原因があるから結果がある

カフェに限らず、全ての仕事にいえることですが、**原因があるから結果があるのです。**

決して人のせいや運のせいではありません。運だと思えることも、すべてはカルマなのです。

前世含め過去のどこかで原因があったのです。理由はあるのです。

また、人のせいにしたり運のせいにしているうちは、何も解決しません。前に進めません。


まず、自分自身を改善をすれば、必ず良い方向に向かうことが出来るハズなのです。

結果が一時思わしくなくても落ち込んでいる場合ではありません。

うまくやっている人達もいるのです。

うまくやっている人達とあなたを比べ、何が違うのか、何が出来ていないことなのか、何をすれば良くなるのかを、ちょっとだけ考えてみましょう。

カフェをやることはそんなに難しい仕事ではありませんから、あなたは改善すればいいところを実は判っているはずです。どうしたら良くなるかなんて、だいたい簡単なことばかりです。


ほとんどの人の改善すべき点は、原因を自分で判っていながら、対処をしていないだけなのです。

うまくいかないのは、やれば良いことをやらないだけ、ただの怠慢です。

「さくら」

「ショコラ」

— 67/77 —

値下げをしない

大企業、大資本がやっていることと同じことをしてはいけません。

たまに、間違った例として、ファーストフードやテイクアウトのコーヒーショップ、または大衆居酒屋のようなものをつくろうとする人がいます。

同じようなサービスで、同じような商品を提供する場合、差別化出来ていないものを大資本のものまねで始めようとする人がいます。

差別化出来ていないものは、必ず価格競争に陥ります。

まず、大資本の大企業のお店は、原材料を大量に仕入れたり、さらには自社で牧場などをこしらえて原価を徹底的に下げる工夫などをしています。

同じようなものを同じように安い値段で提供して、勝ち目があるわけがないのです。

中途半端な値下げはやめましょう。

また、安ければ良い。という人たちはそもそもカフェには来ません。

ファーストフードや牛丼チェーン、またはコンビニで済ませるのです。

値段でそれらの業態に勝てますか？

お客さんに、満足して気持ちよくお金を払ってもらう、一段上のサービスや商品を提供することを目指しましょう。

値下げをするということは、自分のお店の商品やサービスに自信が無いことの表れなのです。

68/77

値付けが商売

商売とは値段をつけることです。

カフェをやるのも商売ですから、お店が成立するかどうかということは、この値付けにかかっています。

商品やサービスに妥当な値段をつけることが出来なければ、商売になりません。

「利は仕入れにあり」ともいいますが、付加価値の低い商売であればあるほど、特別な仕入れのルートが無ければ、商売が成立しません。他人が手に入れづらい商材であったり、他人より安く仕入れるルートがあってはじめて商売として成立します。

カフェは、付加価値を売る商売ですので、値付けが難しい商売です。仕入れの値段もありますがどちらかというと、商品そのものより、「時間」と「場所」を売っている要素が大きいです。

この値付けがウマくいっていないと、お店が満席で流行っているように感じても、ふと気づくと赤字になってしまっていることがあります。

たとえば、都心のお店で、お茶一杯で、何時間もお客さんが滞在するようなところはお店の家賃負担が大きいのです。最初から"談話室"と謳っているチェーン店の「ルノアール」や「カフェ・ラミル」などはコーヒーが一杯8百円～千円程度します。テイクアウトのコーヒー店とは構造が違うことを理解して、その上で値付けをしてください。ただただ安い、ということがサービスではないのですから。

ちなみに、理想の値段とは、お客さんが許してくれる範囲で最高の値段、ということです。

—69/77—

「ちょっとした喜ぶサービス」「得をした」”お得“を与えること

子供に、ジュースや玩具などを帰り際にくれるお店があります。

子供たちはこのようなサービスが大好きです。うちの子もそうです。

割引などのサービスをするお店に比べ、リピートする頻度が多いように感じます。

最初からあまり割引などをアピールされると、最初から付けている値段を変えればいいじゃないかと、あまりお客さんはありがたみを感じないものです。

誰もが均等に受けられるサービスというのは、もはやありがたく感じないものなのです。

こういったジュース一本や、玩具などは、安いところで用意すれば数十円で用意できるものばかりなのですが、それでいて百円値引きするよりもありがたく感じられるのです。

「最後に持ち帰らせる」、というのが肝のようです。

終わり良ければすべてよし、ではありませんが、これが食事途中でジュースを与えられても、子供はそれがサービスなのか、正規オーダーのものなのか、はっきり区別できません。

最後にお土産で渡すことによる、別枠の「特別感」が大事なのです。

そして今時は、少子化の影響か、レストランを選ぶ際に子供の権限がかなり大きくなっている、というデータも見逃せません。


数十円のものでも、マメな対応次第で、お客さんが「ちょっとした喜ぶサービス」や「得をした」と思える施策は出来るものです。**サービスは、お金ではなく、心遣いです。**

— 70/77 —

違和感のあるものはなるべく排除していく

これは感覚的な問題なのですが、自分にとって違和感のあるものは排除していきましょう。それは、構成したメニューであったり、家具であったり、食器や雑貨、またはスタッフなのかもしれません。

とにかく、あなたが違和感を感じるものは、排除すべきなのです。違和感を感じてしまうということは何かしらの理由があるのです。

そのままにしておくと、あなたはそれが気になって仕方がありません。理由なんてもうどうでもよいのです。だまされたと思って徹底的に排除してください。

運気にかかわる問題です。これはお店に限らず、あなたが普段生活していく上でも心がけていくべきことなのです。

例えば、わたしは青や赤が好きなので極力使用します。好きな色は気持ちが上がるからです。

また、お店の内装は、木や石の素材などで作り、プラスチックや樹脂製品のものは極力避け、有機的なもので作ることにこだわります。

水回りにも、プラスチック製品を置かないように心掛けています。水回りに石油製品が置いてあると風水的に運気が下がります。流しに樹脂タッパーやビニールが置いてある家庭が異常に貧乏くさく見えるのもそのせいです。

気に入らないものと触れ合って、**違和感を感じながら生活するということは、運気を下げる原因に**なるということ、それを忘れず、いいと思うものだけを選んでください。

— 71/77 —

「月々いくら」業者を疑え

「月々の支払いはいくらです」という業者はなるべく使わないでおきましょう。、彼らはお約束の**ローン型のビジネスモデル**で商売をしている人達です。

このモデルのお客になると結果的に高くつきます。


たとえば、某業務用厨房機器の〇〇〇〇などは、ぼんやりと製氷機や冷蔵庫を買うと、保守料という名目で一台あたり年4万円ほどの保守契約をさせられます。

現在は業務用厨房機器も定価の数割の値段などと安く買えるようになってきましたので、このような契約をしなければ割に合わないのかもしれません。

そもそもそんな一年目から保守が必要になるようなヤワな製品だというのがおかしいのです。気に入らないのでその業者以外で買うようにしています。


消耗品もそうです。足ふきマットなど合羽橋で一枚数百円だせば買えるものを、月々数千円で貸そうというのです。わざわざ交換しなくても、買って使い捨てた方がよっぽど安いのに。

そう思って某社の営業マンを詰めたら、「エコじゃないですか」と言われましたが。全くもって理にかないません。

SEO対策の業者にしても、月々数万と謳って5年間契約とか、高い教材を売りつける悪徳ローン業者とやり口が似ていて、結果、数百万の契約になっていたりします。気を付けて下さい。

72/77

ヤクザは丁寧に対処しなさい

わたしのところに開業の相談に来る人で、ときどきヤクザの対応の相談に来る人がいます。

しかし、数年前の暴対法の改正により、ほとんど民間へのすべての行為が実刑になるようになったため、お店の「みかじめ料」程度のせこいシノギで懲役をくらうのは割に合わないので、わざわざお店にくるようなヤクザは、ほとんどいなくなりました。

また、いまどきのヤクザはみかじめ料などではなく、もっと賢く稼ぐ術を知っています。

わたしは、ヤクザの「ケツ持ち」といわれる仕事は悪いものではないと思っていました。

たしかにカフェなどの業態にはあまり必要ありませんが、女の人を扱うような風俗業や、酔っ払いを多く相手にする、お酒のトラブルが多いお店には必要だったのかもしれません。

地方では、いまだにお店に現れるヤクザがいるようですが、基本的にはお店のみかじめをシノギにしているヤクザは相当下っ端か、頭の悪いのか、田舎から出てきたヤクザもどきです。

ですから、大したことはありません。下っ端のヤクザなどは、小さいころパシリだったような人間がやっています。ですから、いっぱしにお店を経営しているあなたの方がきっとヤクザです（笑）。

もしヤクザが来たら、その場でお金などを簡単に渡したりせず、丁重に「あとで上のものが挨拶に伺いますので、お名刺を」と伝えましょう。今どきのヤクザは割に合わないことをしないので、名刺を渡すなどというリスクが発生するようなことはしないものです。

まぁ、本当はヤクザより素人クレーマーのほうがよっぽど厄介で対応も大変なんですけどね。

—73/77—

クレームはチャンス

クレームを言ってくれるお客さんはありがたいものです。

目的の違うタチの悪いクレーマーは除いて、基本的にはクレームを入れる人はお店のことを考えて言ってくれているのです。

今後も使おうとするお店を少しでも良くしようと思ってくれているのです。

わたしなども初めて伺ったお店などで目に余ることがあっても、なかなか口に出してクレームを入れることはありません。ほとんどのケースでは「もう二度と来ない」と決めてお店を後にします。

そしてそのお店であった出来事を、会う人、会う人に言って回ってしまっています。

クレームを入れるほうも、本当は面倒くさいし無駄な労力がいるのです。

表に出るクレームはまだ良いのです。

言ってくれれば、悪いところがわかりますので、改善や対処が出来ます。これはお店にとって、本当にありがたいことです。

クレームをチャンスだと考えて、お客さんの意見は素直に受け入れ、お店をより良くするきっかけにするのです。

問題なのは表面に出てこない**「潜在クレーム」**です。

この「潜在クレーム」は困ったことに、クチコミによって、あっという間に広がります。

お客さんは、いいサービスを受けたときは3人程度に話しますが、**「悪いときは30人に話す」**と言われています。

— 74/77 —

1年間に20%のお客さんが減る

お店というのは、ぼんやりと同じことをしていては、お客さんが減っていくものだと思ってください。ある程度の繁盛店でも**年に20％のお客さんが減る**と言われています。

理由は、あるお店が流行ると、似たようなお店が周辺にも出来るからです。競合は一人勝ちを放っておいてはくれないので、おのずとお客さんの獲得競争となります。

後出しジャンケンのように、後から出店するお店の方がなにかと有利にも見えますが、一概にそうとも言い切れません。前項にも書きましたが、お店の歴史は信用になるのです。

より良いお店を目指し、常に進化を重ね、他の追随を許さないよう、オンリーワンを目指しましょう。

また、日本国内では2012年までの十数年間で商業施設の総床面積が1．7倍も増えました。総消費量が増えていないのに、再開発などで商業施設の数自体が増えているのです。これではそれぞれのお店の売り上げが落ちていくのも物理的に仕方がありません。ですが、開発に絡んでいる建設や不動産業界の方々は、商業施設が増えなければ仕事になりません。開発しなければ経済が活発化しないのもわかりますが、これから人口も減っていくというのにハコだけ増えていく資本主義の末期の現状は嘆かわしいものがあります。

わたしはこのような理由で、現在、**海外**（上海）**へ出店する**準備を進めています。他の随を許さないような特殊で最高の立地を獲得、契約にこぎつけました。ご期待ください。

— 75/77 —

スタッフが辞めることを恐れることはない

スタッフはいつか辞めてしまうものです。

はじめてのお店を創ったばかりの頃は、何かクリエイティブな作業に参加しているような心持ちでほとんどボランティアのように手伝ってくれたり、遊び感覚で参加してくれたオープニングスタッフも、お店の運営が軌道に乗るにつれ、徐々に辞めていきます。

だんだん遊びではなくなってくるからです。これは仕方のないことです。

そもそもあなたとは目的が違うのですから、あなたもいつまでも彼らのモラトリアムな感覚にはつき合っていられなくなります。

若い創業者が必ず経験する誰もが通る道なのです。一回目の試練ともいえましょう。

物凄く、寂しく感じたり、悲しく感じたり、または怒りを感じたりするかもしれませんが、**経営者とは、常に孤独感と戦う運命なのです。**

人はみな、それぞれの人生があります。一生懸命考えて生きているのです。

辞めていってしまうスタッフがいることを気にすることはありません。

そもそも50、60歳まであなたのお店に居続けることは困難なのです。素敵なことですが。

ただ、お互いに勘違いをしたまま辞めていってしまうのは残念なことなので、常にスタッフには長期的な視点や考え方、フィロソフィーを伝えることでモチベーションを上げる作業をしましょう。

それぞれの人生です、わたしは「**去る者追わず**」の精神で日々生きています。

– 76/77 –

3年たってもダメならやめなさい

お店を開店して3年程営業して、すべて手を尽くしてもダメなら、それまでの努力を惜しまず捨てて撤退することです。

3年というのは、3年やればある程度、やれることはやり尽くせた期間のハズだからです。

もちろんやれることをやっていない、またはやらないというのはそれ以前の問題ですが、手を尽くしたのであるならば、あなたが努力してもどうしようもない理由が他にあるのです。

撤退することは勇気がいることです。彼氏や彼女と別れるのも同じようなことですね、ズルズル付き合っていた方が楽なのですが、お店ですと経済的にそうもいきません。

ある程度、設備投資を含めて、お金をかけてお店を創ったのですから、撤退するのが嫌なのはわかります。かっこ悪いですし、お金もかかります。原状回復義務や大家さんに数か月前に予告するなど撤退する時はとても大変なのです。

最近では、このように店舗撤退をする際に、お金がかからないよう、居抜き店舗を引き継いで仲介をしてくれるような不動産業者もいます。

とにかく「**見切り千両**」という言葉もあるように、うまくいかない事業は早々に撤退する判断が経営者のもっとも重要な仕事になります。

ズルズルと悪い状況のままの事業を続け、取り返しがつかなくなることがもっとも悪い状況です。

足元が明るいうちに店じまいをしましょう、そして余力を残して次に進むのです。

— 77/77 —

スタッフの夢を叶えることも経営者の仕事

最後になりました。

これまで散々書いてきたことは、カフェを始めることで、お客さんを喜ばせ、幸せな気分にさせる
そしてそれを感じてあなた自身が幸せになるためのことでした。次にあなたがすることは、お店が
うまくいったあかつきには、働いているスタッフの幸せを考えよ、ということです。
あなたのやっている、小さな個人経営のカフェでわざわざ働いているようなスタッフは、必ずなに
かしらの夢を持っているはずです。
それは、あなたのお店と一緒に大きく成長すること、もしくは将来自分でお店をやってみたいなど
ということかもしれません。

スタッフの夢を叶えることも経営者の仕事です。

もちろんスタッフの器量にもよりますが、可能な限りスタッフの夢を叶えてあげられるようあなた
がサポートをしてあげることです。

経営者として大きな器を持つのです。

人生には、それほど物質的に必要なものはありません。スタッフだった人が、死ぬときか、何かのきっ
かけにちょっとだけ「あの人にお世話になったこともあったなぁ」と思ってもらえるだけで、こん
なに幸せなことはありません。思い出してもらえなくても、まぁ良いでしょう。

**何より人が喜ぶことを一番の幸せにすること、自分自身が自由な生き方をした上で、そんな気持ち
でいられたら、それは最高に素敵な生き方なのではないでしょうか。**

大谷秀政

（おおたに・ひでまさ）

1995年にエル・ディー・アンド・ケイを設立。
音楽ビジネスに取り組むと同時に飲食店経営にも進出。
東京の渋谷に「宇田川カフェ」をオープンしたのを皮切りに
バー、スイーツ、ライブハウスなどの店舗を東京と大阪、
沖縄に展開。2011年には出版事業部を立ち上げ、同年5月、
宇田川カフェ10周年を記念して『宇田川カフェ本』を上梓。

ブログ　http://ameblo.jp/otanihidemasa/

自分らしく生きるために、「カフェ」を始めたい人への77の言葉。

2012年4月17日　初版第1刷発行
著者　大谷秀政

アートディレクション	水野直人（cockney graphix）www.cockney.jp
デザイン	大久保友香子（cockney graphix）
印刷	テンプリント
LD&K BOOKS	谷口周平（LD&K Inc.）
	小林祐子（LD&K Inc.）
進行管理	石塚知美（LD&K Inc.）
発行人	大谷秀政（LD&K Inc.）
発行元・発売元	株式会社 LD&K　www.ldandk.com E-mail:ldandk@ldandk.com / FAX:03-5464-7412

Printed in Japan　ISBN978-4-905312-17-8